AF315304

AMÉLIE,

ROMAN

DE Mr FIEDLING.

PREMIERE PARTIE.

AMÉLIE,

ROMAN

DE Mr FIEDLING,

Traduit de l'Anglois

Par M^{dme} RICCOBONI.

PREMIERE PARTIE.

A PARIS,

Chez Brocas & Humblot, Libraires, rue
S. Jacques, entre la rue des Mathurins &
S. Benoît, au Chef S. Jean.

———

M. DCC. LXII.

Avec Approbation & Privilege du Roi.

LETTRE

A
M. HUMBLOT,
LIBRAIRE.

EN arrivant de la campagne, j'apprens, Monsieur, que vous avez pris la peine de venir plusieurs fois chez moi. Je vous donne avis de mon retour. Je n'ai pourtant rien de nouveau à vous communiquer. Miss Jenny Glanville est précisément à ce même cahier où elle a commencé à me donner de l'humeur. Je crois avoir très-mal fait d'entreprendre deux volumes : l'étendue de mon esprit se borne sans doute à un ; car Milady Catesby ne m'a

Tome I.   A

point causé d'embarras. Vous n'osez m'appeller paresseuse ; mais ma lenteur vous révolte : A quoi bon, *dites-vous,* effacer, déchirer, copier sans cesse ? vous êtes trop difficile. J'imprimerai tout ce qui viendra de vous. *Rien n'est plus honnête. Vous imprimerez,* d'accord ; mais qui lira, je vous prie ? *Ne doit-on rien au public ? Seroit-il bien d'abuser de ses premieres complaisances ? Faut-il ajouter à ces défauts, qui échappent toujours, une négligence volontaire ? Non : il est mal de tenir un ouvrage pour fini, quand on croit pouvoir mieux faire en y travaillant encore. Cependant, comme je vous impatiente depuis deux ans, je voudrois trouver un moyen de vous contenter ; & pour y réussir, je vous propose une folie.*

En étudiant l'Anglois, sans maî-

tre, sans principes, la grammaire &
le dictionnaire près de moi, ne regardant ni l'un ni l'autre, me tuant la tête
à deviner, j'ai traduit tout de travers
(comme j'entendois) un Roman de M.
Fielding. Ce qui étoit difficile, je le
laissois-là. Ce que je ne comprenois
point, je le trouvois mal dit : j'avan-
çois toujours. Je parvins enfin à faire
un gros amas de papier écrit, où je me
perdis si bien, qu'il me fut impossible
d'en retrouver le fil.

Une personne plus patiente que moi,
s'est occupée à le chercher ; a numéroté
toutes les petites feuilles éparses dans
mon secretaire ; & parmi le fatras de
mes themes anglois, a recouvré la suite
de ce singulier ouvrage. Elle m'a con-
seillé de vous l'envoyer ; & le voilà.

Il me paroît qu'en effet cela peut

composer une traduction très-infidelle
du Roman de M. Fielding. Je le trouve
mauvais, je vous en avertis ; & proba-
blement tous les Traducteurs l'ont jugé
tel, puisqu'ils l'ont négligé. Mais im-
primez toujours ; cela deviendra ce que
cela pourra. Si le Livre déplaît, tant
pis pour l'Auteur Anglois ; nous di-
rons que cela est traduit à la lettre. Si
on le lit ; nous nous vanterons de l'art
infini avec lequel nous avons ajouté,
retranché, corrigé, embelli notre origi-
nal. Cependant, comme le papier se
paie ; je vous conseille de risquer seulement deux parties. Vous en débiterez
une, si vous pouvez : l'autre sera sous
presse. Selon l'événement, vous la don-
nerez, ou vous la supprimerez. Je suis,
Monsieur, avec une parfaite considéra-
tion, votre très-humble servante,

RICCOBONI.

AMÉLIE,

ROMAN

DE M. FIELDING.

UN de ces hommes, appellés Watchman, dont l'emploi eſt de veiller pendant la nuit à la ſûreté publique, ayant arrêté pluſieurs perſonnes dans la rue, les conduiſit de grand matin chez un juge de paix, nommé **M. Herbert**. Cet honnête Magiſtrat du quartier étoit paſſablement grave, aſſez ignorant, très-dur, & encore plus intéreſſé. Des joueurs qui venoient de perdre tout leur argent, une femme publique prife à fa premiere rencontre , un pauvre prêtre Irlandois, & deux ou trois autres perfonnes à-peu-près de la même efpece, parurent à M. Herbert des gens dont le procès étoit déjà fait ; & pour s'épargner l'embarras d'un long & ennuyeux examen , il les condamna tous à la prifon.

Un jeune homme s'avança enfuite. Ecarté des autres , on ne l'avoit pas compris dans leur fentence. Sa phyfionomie douce & intéreffante annonçoit de la candeur. A fon air, on ne pouvoit le croire coupable ; mais fa parure plus que modefte , ne promettoit point à M. Herbert qu'il eût de bonnes raifons pour fa défenfe. L'efprit de ce Juge faififfoit très-bien un certain côté des affaires. Son clerc, homme intelligent, l'éclairoit souvent d'un coup-d'œil sur les plus difficiles à terminer. Mais celle-ci paroissoit trop simple pour mériter son attention.

L'aimable jeune homme étoit accusé par le Watchman d'avoir troublé la paix du Roi dans sa bonne ville de Londres, & particulierement la sienne à lui Watchman, en cassant sa lanterne pendant qu'il remplissoit sa fonction. Le jeune Cavalier répondit que, loin de troubler la paix, quand on l'avoit arrêté, il s'efforçoit de la rétablir. Deux hommes en attaquoient un, dit-il : tous trois me sont inconnus ; mais le mouvement d'une juste compassion m'a fait prêter mon assistance au plus foible. Le Guet est accouru. On nous

a pris : celui que je voulois aider,
s'eft fauvé : fes deux affaffins ont recouvré leur liberté, en donnant fix
guinées : la mienne m'a été offerte
au même prix ; mais de malheureu-
fes circonftances ne m'ont pas permis de profiter de l'honnêteté de
ces Meffieurs.

Pendant que l'Accufé parloit, le
Juge regardoit fixement fon Clerc ;
& ne voyant rien dans fes yeux qui
démentît ce qu'il venoit d'entendre,
trop sûr de l'indigence du coupable,
il trouva que les rues de Londres
devoient être paifibles ; que ceux
qui fe battoient, faifoient du bruit ;
que leurs motifs importoient peu
aux perfonnes qui en étoient in-
commodées ; & fur cela, il envoya
en prifon l'homme affez hardi pour

caſſer une lanterne, & manquer de
reſpect à un Watchman. L'Arrêt
fut exécuté ; & M. Fenton, ainſi ſe
nommoit le jeune Cavalier, entra
ſur les huit heures du matin à Newgate *, où il en paſſa trois ſans pouvoir comprendre par quelle raiſon
M. Herbert s'étoit montré ſi ſévere
à ſon égard.

Il y rêvoit encore, quand un Con-
nétable ** parut, conduiſant une
jeune Dame richement vêtue, qu'il
laiſſa dans cet horrible lieu. La belle
priſonniere avoit la contenance aſ-
ſurée : ſa taille parfaite, ſon air noble, & ſa figure charmante attire-
rent tous les regards. Elle ſembloit
ſi peu faite pour habiter cet infernal

---

* Priſon de Londres.
** Eſpece d'Exempt.

féjour, que fa préfence éleva la plus grande curiofité fur le fujet de fa détention. Elle demanda le Concierge ; l'appella à haute voix ; il vint. Eh bien, Monfieur, lui dit-elle, où dois-je loger ? Je fuppofe que vous ne prétendez pas me confondre avec tous ces miférables dont je me vois environnée ?

Cet homme ne s'en laiffoit point impofer par le ton, encore moins par les agrémens. Il répondit brufquement, qu'il avoit des appartemens pour ceux qui étoient en état de les payer. La Dame tirant alors fa bourfe, lui montra qu'elle ne manquoit point d'argent. A la vûe d'une quantité raifonnable de guinées, le vifage du Concierge changea ; fes traits rudes & groffiers s'adoucirent ;

il pria la Dame de le fuivre, & la conduifit refpectueufement au lieu le plus propre & le plus éclairé de la maifon.

M. Fenton, trop poli pour ne pas ménager la confufion d'une femme dans cette pofition, n'avoit ofé s'approcher d'elle. Mais en la confidérant à un peu de diftance, il crut la reconnoître. Plus il l'examinoit, plus il fe rappelloit les traits d'une perfonne aimable avec laquelle il s'étoit trouvé lié d'amitié en Province. Il demanda à un Geolier, fi elle ne fe nommoit pas Mifs Matheus. Cet homme répondit qu'elle s'appelloit Miftrifs Vincent ; qu'on venoit de l'arrêter pour un meurtre, & que fon procès feroit bientôt fait.

M. Fenton demeura perfuadé

qu'il s'étoit trompé. Il lui paroiſſoit poſſible de changer de nom, mais non pas de caractere; & la Dame qu'il connoiſſoit, joignant une grande douceur à beaucoup de modeſtie, n'offroit point à ſon idée une femme capable de commettre une action ſi hardie & ſi criminelle. D'ailleurs Miſs Matheus avoit de la naiſſance, de l'éducation, une fortune honnête; tout lui confirmoit que ce ne pouvoit être elle. Il fut charmé de ne point trouver ſon amie dans la Priſonniere; & tournant toutes ſes penſées ſur ſes propres diſgraces, il s'abandonna à une profonde rêverie.

Être loin de ce que l'on aime, privé des ſecours les plus néceſſaires, ſans protecteur, ſans ami, ſans

espoir ! ne sçavoir comment se procurer la liberté ; que de tristes sujets
de méditation ! Tant que M. Fenton
ne porta ses réflexions que sur lui-
même, il eut la force de retenir ses
soupirs. Son ame étoit assez noble
pour supporter ses propres peines ;
mais comment soutenir sans desespoir l'idée douloureuse, accablante,
d'avoir causé le malheur des objets
les plus chers à son cœur ?

Il passa le reste du jour & la nuit
entiere dans le trouble & l'agitation.
Le matin, un homme qui servoit
les prisonniers lui donna un paquet
cacheté, dont on n'exigeoit, lui dit-
il, aucune réponse. M. Fenton l'ouvrit ; & après s'être un peu impa-
tienté à défaire plusieurs enveloppes
de papier sans écriture, il trouva

dans la derniere douze guinées.

Un mouvement de joie le faifit à cette vûe ; mais il ne dura pas long-tems. M. Fenton ne connoiffoit perfonne à Londres : ceux qui s'intéreffoient à lui n'y étoient point actuellement & ne pouvoient encore être informés de fon malheur. Ce paquet ne s'adreffoit donc point à lui ; une méprife le mettoit entre fes mains : trop honnête pour vouloir en profiter, il rappella le porteur & lui dit qu'il s'étoit trompé.

Ce valet, que l'air de la maifon rendoit brufque, même infolent, lui dit : Votre nom eft-il Fenton, oui, ou non ? Oui, très-affurément, reprit M. Fenton. A qui diable en avez-vous donc, s'écria l'autre ? on me donne un paquet pour vous, je

fais mon devoir, je vous l'apporte, à
préfent vous me cherchez querelle.
Maudits foient les prifonniers & leur
mauvaife humeur ! L'un crie, l'autre
pleure, celui-là jure, vous grondez :
eft-ce ma faute, à moi, fi vos fot-
tifes vous conduifent ici ? Vous m'en-
nuyez tant, que fi j'en étois le maître, je crois, Dieu me pardonne,
que je vous mettrois tous à la porte.
Après cet éclairciffement, il lui tour-
na le dos, & ne voulut pas lui parler davantage.

M. Fenton fe tourmenta inutile-
ment pendant une heure pour deviner d'où lui venoit ce petit fecours :
enfin il réfolut de s'en fervir, fe fit
donner une chambre en payant
d'avance, & s'y arrangea, ignorant
quand il plairoit au ciel de lui ou-

vrir un moyen de recouvrer sa liberté. Le lendemain, le gracieux commiſſionnaire de la veille vint l'avertir qu'une des habitantes de Newgate deſiroit de l'entretenir dans ſon propre appartement.

M. Fenton un peu ſurpris de ce meſſage, ſe laiſſa conduire par cet homme. A peine entroit-il chez la perſonne où il le menoit, qu'il fut forcé de s'avouer que Miſtris Vincent étoit, oui en vérité, étoit ſon aimable & ancienne connoiſſance, Miſs Matheus.

Après une aſſez longue abſence, leur rencontre dans un pareil lieu leur cauſa d'abord un peu de confuſion. Ils la ſurmonterent enfin, & ſe féliciterent mutuellement du plaiſir qu'ils goûtoient en ſe revoyant.

Miſs

Mifs Matheus parut le fentir vivement. J'appris hier, lui dit-elle,
qu'un jeune Cavalier, prifonnier
comme moi, me connoiffoit fous
mon véritable nom. Curieufe de
fçavoir qui il pouvoit être, je me
tins à ma fenêtre pour lui voir tra-
verfer la cour à l'heure du diner.
Un coup d'œil jetté fur vous m'a
fuffi. Je me fuis aifément rappellé
des traits que le tems n'a pu effacer
de ma mémoire. O Monfieur, vous
ne fçavez pas combien mon amitié
fut tendre, fincere.... mais parlons
de vous. Hélas ! que dirois-je de
moi ! Je fçais votre fituation préfen-
te, elle me touche, elle m'afflige, je
defire ardemment de l'adoucir ; peut-
être je le puis. Je voulois dès hier
vous faire prier de venir me voir ;

mais je ne fçais fi je l'ai dit, mes infortunes me troublent, je n'ai pas toute la liberté de mon efprit. Bon Dieu ! comment ai-je pu me priver un inftant d'une fi douce confolation ! Je l'éprouve en ce moment ; la vûe d'un ami eft un baume falutaire pour les bleffures du cœur.

M. Fenton ne fut plus embarraffé à deviner la perfonne qui lui avoit envoyé le petit paquet. Il rougit & voulut marquer fa reconnoiffance à Mifs Matheus, mais elle l'interrompit. Je vois avec chagrin, Mifs, lui dit-il enfuite, qu'en effet votre efprit n'eft pas dans fa fituation ordinaire, mais j'efpere.... Eh qu'efpérer, s'écria-t-elle ! Que d'événemens arrivés depuis notre féparation ! ah devois-je m'attendre à vous revoir

dans un lieu d'horreur ? Quelle différence d'un tems à un autre tems ! En
prononçant ces mots, elle se ren-
versa sur sa chaise & se mit à pleurer
amerement.

M. Fenton s'empressa de lui demander le sujet d'une si vive douleur. Elle ne répondit point & continua de s'affliger. Croyant la détourner du sujet de ses peines par
une question assez simple, il la pria
de lui dire des nouvelles de M. Matheus son pere, & depuis quand elle
l'avoit quitté pour venir à Londres.

A peine finissoit-il de parler, que
Miss Matheus donna des marques
du plus grand desespoir. Ah pourquoi ! pourquoi, lui dit-elle, me
rappellez-vous cet homme respec-
rable ! ô mon ami ! il n'est plus, le

croirez-vous ? Cet homme ſi cher à mon cœur, je l'ai deshonoré. Je ſuis indigne de me dire ſa fille. Je ne méritois pas ce tendre, cet indulgent pere ! Je l'ai fait rougir. Ma foibleſſe, mon imprudence ont cauſé ſa mort. O ne le nommez point ! ne le nommez jamais devant ſa coupable & malheureuſe fille.

Etouffée par ſes ſoupirs, ſa voix s'arrêta ; elle jetta des cris douloureux, & ſes pleurs coulerent avec plus d'abondance qu'auparavant. M. Fenton ſentoit une pitié véritable de l'état violent où il la voyoit. Aſſis près d'elle, il ſerroit en ſilence une de ſes mains. Sa compaſſion augmentant, il la baiſa. Ses yeux exprimoient un mélange d'intérêt & d'étonnement dont Miſs Matheus

s'apperçut. En revenant à elle-
même, elle foupira encore. Votre furprife eft bien naturelle, Monfieur,
lui dit-elle, du ton le plus doux & le
plus touchant; elle s'accroîtra, &
votre pitié la furpaffera, quand vous
fçaurez..... Vous ignorez combien
ma douleur eft vive, combien mon
malheur eft grand ! vous ignorez
dans quelle difgrace !...... Affurément, Mifs, je l'ignore, dit-il; j'efpere que je l'ignore. Des miférables,
mal inftruits, m'ont fait entendre, à
votre arrivée.... Mais il ne fe peut...
On parloit de meurtre.... Meurtre !
répéta Mifs Matheus, en fe levant
avec vivacité. Meurtre ! ah que le
fon de ce mot eft mélodieux à mon
oreille ! Vous fçavez donc pourquoi
on m'a conduite ici ? Eh bien, vous

connoiffez ma gloire, l'acte le plus honorable de ma vie, l'objet de mon triomphe, de ma vanité ! Oui, mon ami, voilà le bras, voilà la main qui plongea le couteau dans le fein, dans le cœur d'un perfide. Ah pourquoi une goutte, une feule goutte du fang de l'infâme n'a-t-elle pas réjailli fur ma main ? jamais, jamais je n'euffe voulu l'en effacer ; Je n'ai pas joui de ce bonheur ; mais j'ai vû ce fang couler à grands flots, j'ai vû la pâleur de la mort fe répandre fur l'odieux vifage d'un traître ; je l'ai vû tomber victime de ma vengeance ; mes yeux l'ont contemplé à terre, abattu par mes coups, expirant à mes pieds..... Image fatisfaifante ! vous êtes les délices de mon cœur !... Priver un lâche de la vie, eſt-ce donc un crime ? Oſe - t - on confondre une noble vengeance avec le crime ! N'importe, mon ami, les loix me condamnent, doivent me punir. … Mais non ! il n'eſt pas au pouvoir de l'homme, du monſtre qu'on appelle homme, de me punir. Je ſuis vengée, contente, & je perdrai la vie ſans regret.

Bonté du ciel, s'écria M. Fenton pénétré d'horreur, que dites-vous, Miſs ! ai-je bien entendu ? Oui, re-prit - elle, vous venez d'entendre combien un juſte reſſentiment peut élever l'ame d'une timide femme. Croyez - moi, ſi nous cédons à votre ſexe, il ne doit ſa victoire ni à notre foibleſſe, ni à ſa ſupériorité, comme il a l'inſolence de s'en van-ter ; mais à ſon art, à ſa fauſſeté, à fa perfide baffeffe ; quand femblable à l'efprit tentateur, il s'applique à nous féduire, à nous égarer, à détourner nos pas du fentier de la vertu. Vous femblez interdit, continua-t-elle. Depuis votre retour en Angleterre avez-vous été dans cette province où nous nous fommes connus ? avez-vous appris ma déplorable hiftoire ? dites, mon ami, la fçavez-vous ?

M. Fenton répondit, qu'il n'avoit aucune connoiffance de fes aventures. Ah! quand vous les auriez entendu raconter, reprit-elle ; perfonne ne pouvoit vous inftruire des circonftances de mon malheur. Je vous les détaillerai toutes : oui, mon ami, je vous ouvrirai mon cœur. La douceur de répandre mes chagrins

grins dans le vôtre, eſt la ſeule &
la derniere conſolation que je puiſſe
encore me promettre ſur la terre.

Ce diſcours attendrit beaucoup
M. Fenton. Quelques larmes échap-
pées de ſes yeux marquerent à Miſs
Matheus la part ſenſible qu'il prenoit
à ſes peines. Elle en fut touchée.
Il la pria de ne pas différer la confidence qu'elle vouloit bien lui faire.
Miſs Matheus pouſſa un profond
ſoupir, eſſuya ſes pleurs & com-
mença ainſi.

Avant de paſſer au tems le plus
fâcheux de ma vie, permettez-moi
de vous rappeller celui dont peut-
être vous ne vous ſouvenez plus.
Je vous cachois alors un penchant...
Hélas! je pouvois autrefois renfermer dans mon cœur des ſentimens...

A présent je n'ai plus de secrets, le monde les connoît tous, & je dédaigne de les voiler. Serez - vous étonné, si je vous avoue...... Mais pourquoi le dire? vous le devinâtes sûrement. Votre sexe est vain, il est plus vain que le nôtre. Après tout, on pouvoit vous pardonner un peu d'orgueil. En vérité, Jemmi *, vous étiez une charmante créature, & vous n'avez rien perdu. Votre taille & vos traits se sont formés : votre teint a un peu moins de délicatesse ; mais l'air militaire vous donne à mes yeux un nouvel agrément. M. Fenton s'inclina profondément : elle continua.

Vous souvient-il d'un bal où vous fûtes invité, chez Mistriss-Lindsey.

_____

* Diminutif de James.

J'y étois avec Miſs Johnſon. Nous partagions les ſuffrages entre elle & moi, quand vous arrivâtes. Chacune de nous deſiroit de l'emporter ſur ſa rivale ; votre goût détermina celui des autres. Après nous avoir examinées toutes deux, vous me déclarâtes la plus belle, & me choiſîtes pour votre danſeuſe. Miſs Johnſon en montra un dépit qui me combla de joie. Je l'avoue, je la haïſſois, ſon inſuportable vanité me la rendoit odieuſe. Ce petit triomphe m'enchanta : je vous le devois, il m'en fut plus agréable. Je vous en remerciai ; mais un ſentiment bien doux s'introduiſoit dans mon cœur ſous le voile de la reconnoiſſance. Vos regards, vos diſcours, votre danſe légere & gracieuſe, tout me charma; je vous le jure, mon ami, vous me parutes un ange ce soir-là.

Quoi, dit modeſtement M. Fenton, je fus ſi heureux & j'ignorai!.. Aſſûrément, Miſs, vous me flattez. Mais non, vous me donnez plûtôt un extrême regret. Eh! je vous en prie, ne me laiſſez pas croire que mon aveuglement m'ait privé.... Il ne vous priva que du plaiſir de vous ſçavoir aimé, interrompit Miſs Matheus. Je ne voulois pas céder à mon penchant, je m'efforçois de vous le cacher; cependant je vous haïſſois dans de certains momens, parce que vous ne le deviniez point. Mais vos affections étoient engagées. Une perſonne plus aimable, plus digne de vous, occupoit déjà votre cœur. Peu de tems après, elle

devint votre femme. Heureuſe fille !
je n'ai encore oſé vous demander de
ſes nouvelles. Comment me rappeller ſans douleur le tems où je la
voyois quelquefois. Helas ! elle rou-
giroit d'avoir été ma compagne, ſi
elle ſçavoit........ Vous l'aimez toujours, n'eſt-ce pas ?

M. Fenton fit un ſigne de tête
qui diſoit oui, & Miſs Matheus
pourſuivit ſon récit. La mort de ma
tante me laiſſa la liberté de retourner
dans la maiſon paternelle. Vous m'y
rendites pluſieurs viſites. Ah ! mon
ami, auriez - vous cru, quand j'y
reçus vos adieux, que ce ſeroit à
Newgate où je goûterois le plaiſir
de vous revoir ?

Long-tems après votre départ de
la province, un régiment de Dra-

gons vint prendre fes quartiers à un mille de notre demeure. Mon pere, zélé pour la patrie, en eftimoit les défenfeurs. Quand il fe trouvoit des militaires aux environs de chez lui, il les recherchoit, les invitoit à fa table, les traitoit bien, & leur permettoit de chaffer fur fes terres. Parmi les Officiers de ce régiment, un des plus jeunes, alors fimple Lieutenant, devint l'objet de toutes fes attentions. Il s'appelloit Summers...... Summers! nom odieux! nom détefté! mais l'infâme qui le portoit n'exifte plus. Cette certitude diminue l'horreur que je fens à le prononcer. Je ne vous peindrai point fa figure. La nature l'avoit doué de mille charmes décevans. L'efprit, la douceur, ces talens, ces dehors aimables , qui préviennent , attirent les cœurs, étoient son partage. Imaginez l'homme le mieux fait, le plus agréable, un seul excepté. Oui, j'en connoissois un plus charmant encore! ah, s'il m'eût aimée !…Mais je devois être la proie d'un monstre , dont l'ame vile se cachoit sous une forme angélique.

M. Summers chantoit parfaitement bien. Il jouoit de plusieurs instrumens, mais supérieurement du clavecin. Mon pere composoit de la musique, & la composoit en amateur. Enchanté de ses productions , & trouvant rarement des admirateurs, il se passionna pour Summers, qui joignoit à la complaisance de jouer continuellement ses airs, celle d'en élever l'harmonie au - dessus

C iiij

des piéces des plus grands maîtres.
Cette conduite le rendit fi cher à
mon pere, qu'infenfiblement Summers ceffa de paroître étranger dans
la maifon. Il y paffoit les jours entiers; bien-tôt il y eut un appartement, & à moins que fon fervice
ne l'exigeât, il n'en fortoit plus dutout.

Ma fœur, grande Muficienne
auffi, donnoit comme lui de l'admiration à ceux qui les entendoient
concerter enfemble. Mon féjour
chez ma tante avoit arrêté mes progrès fur le clavecin; ma main étoit
devenue pefante, & loin de difputer le prix à ma fœur, je négligeois
un talent où je croyois ne pouvoir
jamais l'égaler. Cependant rien ne
m'ennuyoit comme les louanges

qu'on lui prodiguoit, & souvent je sortois de la salle pour ne pas les entendre.

Summers s'apperçut du dépit qu'elles me causoient. Il n'ignoroit pas combien un homme adroit peut tirer avantage de la vanité d'une femme. O mon ami ! cette misérable vanité est une cruelle préparation à tous les vices ! elle m'a perdue, perdue sans retour.

Je ne vous détaillerai point avec quel artifice, quel air d'attachement pour moi, il m'engagea à lui procurer moi-même la facilité de me tromper. Ma négligence pour la musique me nuisoit, disoit-il, dans le cœur de mon pere, l'éloigneroit de moi ; il élevoit mes charmes au-dessus de ceux de ma sœur, & ne concevoit pas que je lui laiſſaſſe un moyen de ſe faire remarquer où j'étois. Il me donna de l'émulation par l'eſpoir du ſuccès; il m'aſſura qu'un travail aſſidu, aidé de ſes leçons, me rendroit en peu de tems plus habile qu'elle. Je le crus; je pris avec lui le ton docile d'une écoliere. Bien-tôt il affecta celui d'un amant paſſionné. Que ſon langage étoit flatteur! comment la fauſſeté inſpire-t-elle des expreſſions ſi vraies? Il me faiſoit entendre tout ce que j'avois penſé vous dire dans un tems déjà éloigné.....mais n'en parlons plus, de ce tems ſi cher à mon ſouvenir.

Mon cœur n'étoit point encore indifférent. Vous lui aviez fait éprouver le plaiſir de ſe connoître, de

fentir de tendres émotions. Peut-
être cherchoit-il un objet qui lui
rendît la douceur de fes premiers
fentimens ; mais pourquoi vouloir
m'excufer ? je fus crédule, je fus foible, je fus folle, je me crus adorée,
& j'aimai de bonne foi & dans toute
la fincérité de mon ame.

Je n'avouai pas d'abord ma dé-
faite. La raifon combattoit mon penchant. La médiocrité de la fortune
de Summers lui laiffoit peu d'efpérance de m'obtenir. Une fœur de fa
mere, vieille fille, vivant dans la
province d'York, le foutenoit au
fervice. Il en héritoit ; mais il ne
jouiffoit point d'un revenu qui lui
permît de rechercher une perfonne
riche. Il n'ignoroit pas les vûes que
mon pere avoit pour mon établiffe-

ment. De mortifiantes réflexions fe
mêloient à nos entretiens. Il devint
trifte, fon chagrin me toucha, & je
me fentois difpofée à le diffiper en
lui découvrant ma tendreffe; quand
Miftrifs Carrey, une des amies de
ma fœur, s'avifa de venir de Londres lui faire une vifite, & s'établit
chez mon pere pour y paffer le
refte de l'automne. Cette femme,
veuve depuis un an, poffédoit de
grands biens. On la difoit belle.
A mon gré, jamais figure ne fut
plus réguliere & moins piquante.
Une phyfionomie fans ame, un air
nonchalant, de grands yeux ftupi-
des, une bouche à demi ouverte,
le teint comme il lui plaifoit, point
d'efprit, point de grace, le bras
maigre, la main énorme, une taille

courte, la gorge platte & le pied long, voilà fur quoi elle fondoit fes prétentions. Au refte, fotte & maligne, ignorante & obftinée, fe croyant charmante, & montrant la coquetterie la plus gauche & la moins déguifée ; mais quels défauts la fortune ne répare-t-elle point?

Miftrifs Carrey effaya d'abord fon art mal-adroit fur tout le monde indifféremment : peu-à-peu toutes fes attaques fe réduifirent à engager Summers. Mon pere s'apperçut qu'elle le diftinguoit, il en fentit une joie véritable ; il fouhaitoit que fon jeune ami lui plût affez pour la déterminer à partager fa fortune avec lui. Je ne doute pas que Summers ne le defirât auffi ; mais il vouloit concilier fon amour & fes intérêts. Il craignoit de perdre mon cœur, avant d'avoir recueilli le fruit des soins qu'il s'étoit donnés pour le toucher.

En m'inspirant de la jalousie, il sçut ménager les mouvemens qu'elle me faisoit sentir. Il me montra une rivale, afin de se procurer l'avantage de paroître fidele & généreux. Quand nous eûmes une explication sur ce sujet, j'étois si révoltée contre cette odieuse femme, je la haïssois tant, que dans l'instant où Summers m'assura de son mépris pour elle, du refus qu'il feroit de sa main si elle la lui offroit, cet apparent sacrifice m'enchanta ; je crus ne pouvoir trop le payer. Ma tendresse éclata, je l'avouai, j'en donnai toutes les preuves que l'honneur & la décence permettoient à un amant encore respectueux d'exiger d'une femme modeste & sensible.

Pour prévenir les soupçons de mon pere, & mieux cacher notre secrette intelligence, nous convînmes que Summers continueroit de s'empresser auprès de Mistriss Carrey. Elle paroissoit très-flattée de la préférence qu'il sembloit lui donner sur ma sœur & sur moi. Je me plaisois souvent à la mortifier, à tourner en ridicule ses affectations ; je riois des petits airs impérieux qu'elle prenoit avec Summers, de la soumission qu'il témoignoit pour ses volontés. Insensée que j'étois ! je riois , & m'enveloppois dans les piéges d'un perfide.

O mon ami ! vous dirai-je, pourrai-je vous dire ?....... Mais de quoi rougirois-je à préfent? Ai-je encore des droits à l'innocence ? M'eft - il poffible de me diffimuler mes fautes à moi-même ? Eh! quel juge me condamneroit plus févérement que mon propre cœur ?

Miftrifs Carrey nous quitta enfin. Elle paffoit en Irlande, où fes affaires devoient la retenir long-tems. J'en rendis graces au ciel. Son féjour chez mon pere me caufoit, malgré moi, de l'inquiétude. Six mois après fon départ, ma fœur fut mariée à Sir Jeffery, un plat Gentilhomme de campagne, grand chaffeur de renards, affez bien fait, d'ancienne famille, & poffeffeur d'une des plus belles Terres de la Province. Mon pere invita beaucoup de monde; donna un grand fouper, précédé d'un

d'un concert & suivi du bal. En vérité, ceux qui imaginerent de terminer une cérémonie sainte par une
fête profane, étoient de bien mauvais politiques. Comment des Lé-
gislateurs ont-ils permis à de jeunes
& modestes filles d'y assister ? Ne
devoient-ils pas prévoir qu'il s'éle-
veroit dans leurs esprits d'étonnan-
tes réflexions sur le sujet de cette joie
folle où l'on s'abandonne devant
elles ? Que d'extravagances, quels
propos , que de jeux de mots !
quelle indécence dans les idées ,
dans les discours , dans les regards !
que d'impertinentes insinuations !
J'éprouvai ce qu'une occasion si dan-
gereuse peut produire de plus fu-
neste. Le son des instrumens , le
bruit, le tumulte, le plaisir de la

Tome I.   D

danſe, la gaieté du jour, tout ce qu'on diſoit à ma ſœur, la préſence de Summers, animerent mes eſprits, porterent je ne ſçais quelle ivreſſe dans mon cœur. Elle ſe communiqua à mes ſens ; je me ſentois étourdie, preſque folle. Je me retirai pour aller chercher du repos ; le ſommeil me devenoit néceſſaire. Summers me ſuivit. Je lui diſputai long-tems l'entrée de ma chambre. A force d'importunité, d'obſtination, il parvint à me perſuader de lui accorder un moment d'entretien.... O mon ami ! quel moment ! ſon ardeur, ſes prieres, ſes promeſſes.... Je n'avois plus ma ſœur.... ſeule dans mon appartement.... Fatale nuit ! maudite fête ! ſexe ſéduiſant & trompeur ! Eh, qui n'eût pas cru des ſermens ?... Mais tant d'exemples de vœux trahis, ne devroient-ils pas nous garantir des piéges qu'on nous tend ? piéges connus, découverts, cachés seulement à celle qui doit y tomber. Un des malheurs attachés à toute créature humaine, est de ne point profiter de l'expérience des autres, pas même quelquefois de la sienne.

Je passai plusieurs mois sans qu'il s'élevât dans mon ame une seule idée capable de troubler ma félicité. Summers, sans cesse présent à mes yeux, remplissoit tout mon cœur, combloit tous mes desirs. Je le voyois heureux, sensible, empressé, reconnoissant. Loin de me repentir d'une complaisance à laquelle il devoit son bonheur, j'étois parvenue à me dis-

fimuler la honte dont elle me cou-
vroit, à m'applaudir de ma foibleffe ;
elle me paroiffoit une fuite naturelle
de mes fentimens ; j'adoptois tous
les fophifmes qui m'aidoient à la
trouver moins blâmable ; j'efpérois
que le tems m'offriroit un moyen
d'engager mon pere à confentir à
notre union. Summers me conjuroit
de ne point hâter la découverte de
nos fouhaits ; il craignoit mon pere,
& les juftes reproches qu'il pourroit
lui faire. Ne l'accuferoit-il pas d'a-
voir féduit fa fille, abufé de fon amitié, violé les droits de l'hofpitalité,
trompé fa confiance ? peut-être le
foupçonneroit-il d'un vil intérêt. Ces
raifons fpécieufes me perfuadoient.
Je pris le parti d'attendre ; je me
croyois sûre de Summers, de fon

honneur, de fa conftance. Il me paroiffoit inutile de rifquer d'irriter
mon pere, de perdre fa tendreffe,
peut-être ma fortune, pour ferrer
nos liens. Qu'aurois-je craint? Mon
Amant juroit à tous momens de re-
nouveller fes vœux aux pieds des
autels, dès que j'exigerois cette preuve de la fincérité de fon amour.

Le plaifir étend un voile devant
nos yeux : il nous cache le point où
il doit s'arrêter. A la plus légere in-
terruption, ce voile fe déchire, &
le fentiment de la douleur fait dif-
paroître l'erreur qui nous rendoit
heureux. O, mon ami ! comment
une femme s'écarte-t-elle du fentier
de l'honneur ! comment s'expofe-
t-elle à perdre cette innocence paifible, fource de fa gloire, de fon

bonheur! comment renonce-t-elle à ses propres avantages, sûre de devenir le jouet d'un monstre qui la poursuit, l'atteint, la bleſſe, l'abandonne ſans pitié, & la traite comme un vil animal, qu'il a cherché ſeulement pour goûter le plaiſir de l'abattre.

Ici M. Fenton l'interrompit, & lui repréſenta avec douceur, combien il y avoit d'injuſtice à s'irriter contre tout un ſexe, à faire tomber ſa colere & ſes réflexions ſur les hommes en général, quand un ſeul méritoit ſa haine & ſon mépris. Miſs Matheus le regarda tendrement, & lui tendant la main : vous pouvez avoir raiſon, lui dit-elle ; il ſe mêle beaucoup d'aigreur à tous mes ſentimens. Mais je ne ſuis point une de ces foibles créatures , capables de s'affeoir tranquillement pour pleurer leurs infortunes. Si j'ai verfé des larmes, l'indignation les a fait couler. Je fuis vive , fenfible , courageufe & fincere ; je confens à fupprimer en votre faveur des vérités trop dures. Oh, fi tous les hommes vous reffembloient , s'ils penfoient comme vous , ils auroient des autels dans mon cœur ! Deux baifers fur fa main furent la récompenfe de ce langage flatteur ; elle fourit & pourfuivit ainfi.

Le tems changea ma fituation. Summers devint mon maître , & je me vis contrainte à prendre le ton d'une humble fuppliante. Des raifons fecrettes & inquiétantes m'obligerent à defirer une cérémonie que je croyois ne devoir plus différer. Je priai, je demandai, je pressai à mon tour. Je voulois que Summers parlât à mon pere. Il y consentoit ; mais, sous mille prétextes , il éludoit mes sollicitations. Chaque jour il remettoit cette démarche au lendemain. Un soir il me dit, avec un air satisfait , qu'il avoit obtenu l'agrément d'une Compagnie. Ce grade qui lui ouvroit le chemin à de plus considérables , lui donneroit, ajouta-t-il, un peu plus de hardiesse pour se déclarer à mon pere. Il me supplia de lui permettre d'attendre qu'il eût reçu la commission du Roi, & de garder notre secret jusqu'à ce moment ; j'y consentis , & lui accordai sans peine ce délai.

Je

Je lifois un matin dans ma chambre, quand Summers ouvrant brufquement ma porte, entra d'un air
égaré; & jettant une lettre fur ma
table : lifez, me dit-il, chere Mifs,
lifez. Je n'ai pas la force de vous
apprendre notre commun malheur.
Je pris ce papier en tremblant. Mon
cœur palpitoit. Je cherchois avec
effroi cette nouvelle, annoncée par
des marques de confternation, même de defefpoir. C'étoit un ordre
de marcher dans deux jours pour
fuivre le Régiment qui changeoit
de Province. Mon premier mouvement fut de m'affliger. Je ne vis d'a-
bord que l'approche douloureufe
d'une cruelle féparation, l'éloigne-
ment d'un homme, dont la préfence
& les foins faifoient mon bien le plus

cher. Mais un inftant de réflexion me fit envifager la fituation où j'allois refter, & tout ce que je devois craindre de l'abfence. Un feul moyen d'adoucir ma peine, fe préfentoit à mon idée. J'embraffai Summers, je baignai fon vifage de mes larmes : O ! mon ami, lui dis-je, il n'eft plus tems de différer l'accompliffement de vos promeffes ; aucun intérêt ne peut balancer à-préfent la confolation que vous devez à celle dont le cœur vous eft fi tendrement attaché. Nous n'avons pas un moment à perdre. Venez, courons tous deux nous jetter aux pieds de mon pere : il eft bon, il m'aime, il vous eftime, il nous pardonnera ; avouez-lui votre amour, vos deffeins ; j'avouerai mes complaifances, mes foibleffes ; il confentira à rendre l'honneur à fa fille. Mais dût-il nous refufer, me punir, me maltraiter, me chaffer de fa maifon, je ne renoncerai point à vous. Non, vous ne partirez point fans m'avoir donné votre foi, fans avoir reçu la mienne. Pourriez-vous, mon cher Summers, pourriez-vous le vouloir! Non, fans doute : mon cœur me répond de l'ardeur avec laquelle vous allez fatisfaire à mes defirs & à vos engagemens.

Loin de me rendre mes careffes, ou de paroître difpofé à me fuivre, Summers, froid & penfif, reftoit immobile, & fembloit méditer ce qu'il devoit répondre. Son filence me caufa une furprife mêlée d'indignation. Je m'éloignai un peu de lui,

& le regardant fixement : affurément, Monfieur, lui dis - je, il eft
impoffible que vous héfitiez. Ne me
laiffez pas croire que vous héfitez....
Héfiter, Mifs, interrompit - il : eh,
bon Dieu ! comment héfiterois-je ?
votre propofition ne demande point
d'examen pour être rejettée. Eft-ce
le tems ? eft-ce le moment de parler
à votre pere ? Que produiroit cette
démarche imprudente ? Votre ruine, fans doute.

Ce peu de mots fut un trait de
lumiere qui diffipa mon erreur. Je
vis tout-d'un-coup l'artifice du perfide ; il attendoit cet ordre ; il efpé-
roit en le recevant fe délivrer de
moi, fe fouftraire à mes plaintes, à
mes reproches, & fe mettre à cou-
vert du reffentiment de ma famille.

O , quelle fut ma rage ! Ne me parlez point de tems , de momens , m'écriai-je ; je ne veux rien entendre. Il ne s'agit point de mon pere, de ma ruine , de démarches prudentes ou infenfées ; point de délai , d'excufes , d'évafions; réparez mon honneur, rendez-moi ma réputation; époufez-moi dans l'inftant , ou je vous hais , ou je vous méprife , ou je publierai par-tout que vous m'avez trompée, que vous êtes un féducteur & un infame.

Un fouris dédaigneux précéda fon infolente réponfe. En vérité, Mifs, me dit-il, vous êtes la maîtreffe de vos fecrets ; vous pouvez les répandre dans le public, il vous fçaura gré de cette confidence. Une raillerie fi déplacée , fi cruelle , fi choquante,

enflamma ma colere à un tel excès,
que ne trouvant aucun terme capable de l'exprimer, je me sentis suffo-
quée par la fureur, & dans l'impuis-
sance de la faire éclater.

Je perdis connoissance ; & quand
je la repris, je me trouvai dans les
bras de mon pere. Sa confusion, ses
soupirs, des larmes qui lui échap-
poient, m'apprirent que je m'étois
trahie par mes plaintes, avant de
revenir entierement à moi-même.
Puis-je me rappeller ce moment sans
mourir de regret, sans détester ma
folle passion qui m'a fait briser le
cœur de ce bon, de ce vertueux,
de ce compatissant pere ? Loin de
m'accabler des justes reproches que
je méritois, il daigna me consoler,
me caresser, m'assurer de son indul-

gence, de sa tendreffe; me dire que cette malheureufe affaire pouvoit encore prendre un tour favorable, & qu'il trouveroit les moyens de fa-tisfaire à l'honneur, & de remplir mes defirs.

Le fentiment d'une vive recon-noiffance me fit tomber à fes pieds. Mes larmes étoient le feul langage que me laiffoit l'oppreffion de mon cœur. Sa main généreufe les effuya; fes bontés me pénétrerent ; elles m'enhardirent enfin. J'avouai tout: mes remords l'attendrirent; il me pardonna. Un tel pere devoit-il avoir une fille ingrate !

Summers s'étoit hâté de fortir dans l'inftant où mes forces m'avoient abandonnée. Il n'ofa demeurer le refte du jour dans notre voifinage ;

il demanda & obtint un congé pour
paſſer un peu de tems à Londres,
où il ſe rendit ſur le champ. Il craignoit le reſſentiment de mon pere,
& peut-être la vengeance de mon
frere , revenu depuis peu de ſes
voyages ; car cet homme étoit un
lâche. La baſſeſſe & la valeur s'al-
lient rarement. Un motif de conſolation pour moi ; c'eſt qu'en lui ôtant
la vie , je n'ai point privé ma patrie
d'un ſujet qui lui fût utile.

Il avoit tort de redouter mon frere , hélas ! le pauvre Tom eſt bien le
plus ſot Gentilhomme d'Angleterre.
Avide, intéreſſé, n'aimant que lui-
même, il l'auroit remercié de m'a-
voir deshonorée , ſi la perte de ma
réputation eût entraîné celle de ma
fortune , & que mon pere lui eût

donné la part qui me revenoit de fon héritage.

Ce tendre pere écrivit à Summers. Il fe plaignit doucement de fon procédé, du myftere qu'il lui avoit fait de nos mutuels fentimens; de ce que doutant de fon amitié, il fuyoit fa maifon dans un tems où tout lui impofoit la néceffité d'y paroître. Il le rappelloit avec des expreffions careffantes, lui offroit ma main, & une dot fort fupérieure à celle de fa fille aînée. Il le prioit de revenir promptement, & lui donnoit fa parole qu'il nous pardonnoit à tous deux, & feroit charmé de trouver un fils dans l'ami que fon cœur chériffoit déjà.

Mon pere s'attendoit à voir revenir promptement Summers. Tant de condefcendance devoit le ramener près de moi. Cependant il héfita encore ; il ofa nous impofer des loix, abufer de la facilité de mon pere, demander un établiffement plus confidérable. Il ne put laffer fa bonté, ni rebuter fon cœur. Un naturel généreux eft de toutes nos qualités celle dont nous tirons le moins d'avantage. Des ingrats en profitent, & ne nous en fçavent point de gré.

L'extrême tendreffe de mon pere pour moi, lui ayant fait lever toutes les difficultés, le méprifable perfonnage daigna fe rendre enfin à nos defirs. Il arriva, & fut reçu dans la famille comme un ami dont on avoit pleuré l'abfence. O, mon ami ! j'en rougis, je me le reproche, je ne me le pardonnerai point ; mais je dois l'avouer : le charme attaché à sa préfence, à ses mouvemens, à ses moindres actions ; l'idée de paffer ma vie avec lui, triompherent de mon reffentiment ; j'oubliai ses torts, je parvins même à me perfuader qu'il n'en avoit jamais eu.

Tout fe préparoit pour notre union : les articles étoient prêts à figner : on n'attendoit que les difpenfes eccléfiaftiques, quand je reçus un exprès du Comté de Leicefter. J'avois fait part de mon mariage à Miftrifs Benfon, qui depuis le fien, habitoit cette Province. Elle m'écrivoit que Summers, l'infame Summers étoit marié : elle connoiffoit fa femme : depuis deux ans ils ne vivoient plus enfemble ; la pauvre Miftrifs Summers ne s'occupant que d'une maladie incurable dont elle fe trouvoit attaquée , & paffant fa vie à Bath , dans l'efpérance de recevoir du foulagement en prenant des eaux. Miftrifs Benfon ajoutoit, que me voyant en danger d'être trompée , elle croyoit ne pouvoir me donner trop promptement cette utile information.

Jugez de ma furprife , de ma douleur, des tranfports furieux de mon ame ! Tremblante, égarée, refpirant à peine, foutenue feulement par l'excès de ma rage , j'allai trouver le monftre né pour mon tourment , pour ma honte , pour me précipiter dans l'abîme du malheur. Tiens, lui dis-je, lis, réponds ; explique - moi tes infernals complots.

Il prit la lettre que je lui préfen-
tois, la parcourut, pâlit, fe troubla;
& fe jettant à mes pieds, il s'avoua
coupable, pleura, gémit, convint
de tous les artifices dont il s'étoit
fervi pour me perdre. Il attribua fa
froideur apparente, fes délais, fa
fuite, à fon embarraffante pofition.
Il avoit efpéré gagner du tems, fe
voir libre avant que mon pere con-
nût notre intelligence. Un amour
trop ardent le rendoit criminel,
égaroit fa raifon; il venoit de le ramener près de moi. En cédant aux
inftances de mon pere, il ne vouloit que jouir encore une fois de la
douceur de me voir. Il comptoit
partir, quand la permiffion ecclé-
fiaftique feroit arrivée ; m'écrire,
m'ouvrir fon cœur, implorer ma

pitié, aller attendre, loin de mes yeux, qu'il devînt digne d'y reparoître.

Ses caresses, ses pleurs, ses cris, les assurances de son amour m'attendrirent. Il me conjuroit de ne pas le haïr, de ne pas le mépriser. Il demandoit grace, il sollicitoit avec ardeur un généreux pardon. Il l'obtint, mon ami; oui, mon foible, mon lâche cœur fut touché de ses remords, céda à ses insinuantes protestations. Je me sentis moins révoltée de sa longue dissimulation, que je ne l'avois été d'un instant de froideur. Je voyois un séducteur en lui; mais je n'y voyois plus un inconstant : je le trouvois criminel, & non pas ingrat : il ne pouvoit me donner sa main ; mais il ne m'avoit point retiré fon cœur : j'étois trompée, mais j'étois aimée ; & dans le feu d'une paffion auffi vive, auffi tendre que la mienne, tout ce qui ne l'offenfoit point, tout ce qui ne tendoit point à la détruire, fe préfentoit à mon efprit fous un afpect moins choquant.

Je relevai ce perfide, je le ferrai dans mes bras. Ton afcendant l'emporte, m'écriai-je toute en larmes ; il n'eft pas en mon pouvoir de te haïr ! Faux, diffimulé, trompeur ! tu es encore, tu feras toujours l'objet des plus tendres affections de mon ame. Que veux-tu ? qu'exiges-tu de la victime de ta trahifon ? Parle, malheureux ! qu'allons-nous devenir ? quels font tes deffeins fur moi ? comment me tirer du cruel embarras où tu m'as réduite ?

Il osa me presser de quitter la maison de mon pere, de le suivre, d'aller à Londres avec lui, attendre le tems où nous pourrions nous unir. Sa femme portoit dans son sein un mal terrible. On n'avoit pu la résoudre à souffrir une opération qui peut-être l'eût guérie. Il étoit trop tard à présent pour la risquer; elle languissoit, & la mort termineroit bientôt ses souffrances. Je ne répondois rien. Il redoubla ses instances, ses prieres. Ah, si dans les heureux jours de mon innocence on m'eût dit que cette horrible proposition dût m'être faite, que j'y prêterois une oreille attentive & tranquille, que je l'approuverois ! Combien je me serois crue offensée par une semblable supposition ?

pofition ; & pourtant tout aviliſſant qu'étoit ce parti, il me reſtoit ſeul ; je le pris , & partis la nuit ſuivante avec Summers.

Vous condamnez, Monſieur, une démarche ſi honteuſe. Vous ne concevez pas comment une fille telle que moi, a pu ſe réſoudre à ſacrifier ſes devoirs, ſa fortune, ſon honneur, toutes ſes eſpérances, à un amant ſi peu digne d'elle ; s'eſt abaiſſée à recevoir le titre de maîtreſſe de l'homme à qui elle faiſoit grace en acceptant celui de ſa femme ; comment elle en a joui avec plaiſir ! Si le cœur honnête de mon ami répugne à me pardonner de ſi grandes erreurs, il ne refuſera pas d'avouer que mes fautes me donnoient un droit inconteſtable à l'immortelle reconnoiſſance de Summers. Méprisable aux yeux des autres, je devois être respectable aux siens. L'Univers entier pouvoit me dédaigner, me regarder comme une vile créature ; mais lui ! il me devoit de la vénération. O ciel ! de quel retour ce serpent a payé mon excessive tendresse, mon indulgence, mes bontés !... O femmes, femmes ! ne soyez point foibles, ne soyez point crédules, ne soyez point sensibles ! Craignez, fuyez, détestez ces monstres...... Pardon, Monsieur, pardon. Je ne vous confonds point avec des Summers ; mes exécrations contre votre sexe ne vous regardent pas, ne vous offensent point : après tout, c'est de moi, de ma folie, de mon extravagante passion, que je dois

me plaindre. Ah, quand on se man-
que à soi-même, doit-on s'attendre
aux égards des autres ! Mais abré-
geons un récit trop long qui m'afflige & vous ennuie.

Je ne vous dirai rien des funestes
effets que produisit ma fuite. La mort
de mon pere arrivée un mois après
mon départ, me pénétra de douleur.
Celle que je vais subir, est une foible expiation de mon ingratitude.
Malheureux l'enfant qui attire sur sa
tête la malédiction d'un vertueux
pere ! J'ai mérité tous les maux dont
je me sens accablée.

Je partis, ainsi que je vous l'ai dit.
Summers me conduisit à Londres,
dans un quartier peu fréquenté, chez
une veuve dont il étoit connu depuis long-tems. Elle savoit qu'il avoit

une femme en Province ; mais ne l'ayant jamais vûe, il nous fut facile de lui en impofer. Je tombai malade en arrivant ; & mon mal, affez dangereux, occafionna un accident qui me préferva du malheur de donner le jour à un fils de Summers. Il avoit obtenu une compagnie ; fon Régiment étoit à cinquante milles de Londres ; il y alloit, & revenoit près de moi ; nous vivions heureux. Pendant plus d'un an, il fe conduifit comme un amant tendre & paffionné qui fe voyoit au comble de fes vœux. Je l'adorois. Cependant mes remords empoifonnoient fouvent ma joie. Tant que Summers fe tenoit à mes côtés, je fupportois gaiement ma fituation ; je n'en appercevois que les agrémens : dès qu'il s'éloignoit,

je m'abandonnois à mes réflexions.
Qu'elles étoient douloureuses ! Con-
damnée à la plus triste solitude , j'é-
vitois mes égales dont j'aurois été
méprisée , & dédaignois la compagnie de mes inférieures.... Mais en
avois-je ! Dans la condition abjecte
où je m'étois volontairement réduite, une femme ose-t-elle croire quel-
qu'un au-dessous d'elle ?

Summers fut à son Régiment. Il
en revint de mauvaise humeur, &
m'apprit que sa tante étoit morte. Il
me montra une lettre de l'homme
qui prenoit soin de ses affaires à
York ; il le pressoit de s'y rendre
pour la levée du scellé. Il parut mor-
tifié d'un événement qui l'arrachoit
au plaisir d'être avec moi. Cependant il se détermina à partir , & me

quitta trois jours après son retour à Londres.

Je ne reçus point de ses nouvelles par la poste. Un de ses amis m'apporta sa premiere lettre. Il la lui avoit adreslée, m'écrivoit-il, afin de m'obliger à recevoir ses visites, craignant pour moi la grande solitude où je m'obstinois à vivre, & que l'ennui ne prît sur mon tempérament. Cette singularité ne me fit aucune impreslion desagréable ; au contraire, je fus sensible à son attention. Cet homme de sa connoislance ne se montra pas son ami. Vif, étourdi, gai, il traitoit tous les sujets avec assez de légéreté ; il rioit de ma constance, de mon attachement, de ma fidélité ; il blâmoit ma retraite, & me conseilloit de me distraire, de m'amufer ; il s'offroit à me procurer des plaifirs. Mais je ne l'écoutois pas ; je n'étois occupée que de Summers & du defir de le revoir.

Cet ami partit pour la campagne. Après fon départ de Londres, douze jours fe pafferent fans qu'une feule ligne de Summers parvînt jufqu'à moi. Je ne favois à quoi attribuer fon filence ; je craignois qu'il ne fût malade ; quelquefois je croyois mes lettres chez fon ami ; fouvent auffi je me flattois qu'il fe hâtoit de terminer fes affaires pour revenir plûtôt. Cette idée adouciffoit mon inquiétude, mais fans la diffiper entiérement.

La fille de mon hôteffe, douce, jolie, honnête, m'aimoit beaucoup, & me plaifoit affez. Cette jeune perfonne me parloit tous les jours d'une comédie nouvelle qui attiroit tout Londres à fes repréfentations. Un foir elle me propofa d'aller la voir. L'ennui me fit accepter cette partie. Je m'enveloppai de ma coëffe, & nous nous rendimes à Drury-lane. Je me mis avec ma compagne dans la galerie, lieu qui lui convenoit, & où j'étois fort déplacée.

La piece s'attira d'abord toute mon attention. Vers la fin du premier acte, mes yeux fe tournerent fur une loge, où trois femmes extrêmement parées fembloient difputer aux acteurs le foin d'amufer le public. Elles parloient haut, rioient d'un ton peu ménagé, & donnoient infenfiblement à l'affemblée un fpectacle plus comique & moins intéreffant,

fant, que celui dont elles troubloient indifcrettement la repréfentation. Je reconnus, dans une de ces folles, Miftrifs Carrey; cette veuve fi riche, amie de ma fœur, ma rivale un moment, & l'objet éternel de ma haine.

Sa vûe me pénétra de douleur. Quelle différence à préfent entr'elle & moi ! Cette créature, mon inférieure en naiffance, en efprit, en beauté, brillante de l'éclat des pierreries dont elle étoit ornée, affurée, paifible, heureufe, occupoit une place diftinguée. On la confidéroit, on l'admiroit, on l'eftimoit peut-être ! Et moi, cachée, honteufe, mêlée dans la foule, craignant tous les regards, je n'ofois lever les yeux. Bon Dieu ! fi cette femme avoit pu

Tome I.   G

me voir, exciter ma rougeur, infulter à mon infortune, quels charmes ce triomphe auroit eu pour elle!

Je me livrois aux plus triftes penfées, quand la loge s'ouvrit. O mon ami! eft-il une expreffion capable de vous peindre, de vous donner une foible idée de ma furprife, de mon trouble, de la révolution de tous mes fens, en voyant entrer Summers; oui, l'indigne Summers, que je croyois à York?

Il étoit richement vétu & paroiffoit enivré de joie. Il fe plaça derriere Miftrifs Carrey, l'entretint d'un air familier, même careffant, badina, rit avec elle, lui donna une fleur; l'impertinente la plaça fur fon fein: elle fe penchoit vers lui, le regardoit, lui parloit fans ceffe, fourioit, applaudiſſoit à ſes diſcours. A leur impudence, on eût dit qu'ils ſe croyoient ſeuls en ce lieu, ou que tout ce qui les environnoit étoit dans leur confidence.

Il me fut impoſſible de calmer les violentes agitations de mon cœur. L'odieux aſſemblage de ces deux monſtres, unis pour me nuire, me fit éprouver des mouvemens dont je réprimois à peine l'impétuoſité. Voir Summers à Londres, penſer qu'il avoit feint une abſence, qu'il me trahiſſoit, me trompoit encore, qu'il ne m'aimoit plus, que peut-être il ne m'avoit jamais aimée! c'étoit un ſupplice ſi terrible, que je ne pus le ſupporter longtems. Craignant de tomber ſans connoiſſance, de devenir un ſpectacle pour le peuple, & même pour les objets de ma cruelle peine ; retirons-nous, dis-je à ma compagne, la chaleur m'incommode, j'ai peur de me trouver mal. Elle se leva, nous sortimes, on me rapporta chez moi abattue, changée, foible, & si abîmée dans la confusion de mes idées, que je restai immobile le reste du jour & la nuit entiere, sans avoir songé à me lever du fauteuil dans lequel je m'étois jettée en arrivant.

Le lendemain de grand matin mon hôtesse entra chez moi. Je ne me sentois gueres en état de recevoir son importune visite ; mais je ne lui témoignai point qu'elle me déplaisoit. Après m'avoir excédée de propos plats, de ridicules éloges de fa maifon, de fa bonne conduite, fait le dénombrement des gens qui l'eftimoient ; avez - vous eu depuis peu des nouvelles du Capitaine Summers, Madame, me demanda-t-elle? comptez-vous le revoir bien-tôt? Un grand foupir fut ma feule réponfe. En vérité, reprit-elle, fans faire attention à mon trouble, je ne me ferois jamais imaginée que M. Summers, qui me connoît depuis fon enfance, dont le pere me con-fidéroit, dût me traiter avec fi peu d'égards; non je ne l'aurois pas cru. Que vous a-t-il donc fait, lui dis-je? Affurément, continua-t-elle, il ne lui convient pas de me méprifer. Mon mari étoit Officier comme lui, un brave homme, qui a bien fervi fa patrie, & fans intérêt, car à cin-

quante - fix ans il eſt mort Lieutenant. Si les gens louent des appartemens, cela ne donne à perſonne le
droit de les fouler aux pieds, &
M. Summers a grand tort, & s'il
étoit là, je lui dirois en face. Je veux
bien que vous ſçachiez, Madame,
que je ſuis une honnête femme. Eh
bon Dieu ! m'écriai-je, que ſignifie
cette mauſſade apologie ? Pour
l'amour du ciel, parlez moins, &
parlez clairement ; expliquez-vous,
finiſſez ; que voulez-vous dire?

Je veux dire, Madame, que je
ne ſuis point faite pour être la com-
plaiſante de M. Summers, ni la
vôtre, ni celle de perſonne. Il y a
des maiſons où l'on reçoit tout le
monde. Les libertines de la ville &
de la province y trouvent aſile ; mais

chez moi, jamais ; & si je ne vous avois pas cru la femme du Capitaine, sa femme légitime, vous n'y seriez point entrée. Fi, fi, Madame, vous m'avez bien trompée ; je vous croyois , je vous jure , la plus honnête femme du monde.

Sors, furie, m'écriai-je en la poussant hors de ma chambre, sors ; je ne veux pas être insultée par une basse & insolente créature. Elle se retira en me criant de sortir avant midi de sa maison.

Un instant après sa fille vint me faire des excuses de l'impertinence de sa mere. Elle me trouva accablée de honte & de douleur. Elle m'apprit que le laquais de Summers sortoit d'avec elle, l'avoit instruite des affaires de son maître & des mien-

G iiij

nes. Ainsi elle sçavoit que non-seu-
lement je n'étois point mariée, mais
que Summers, époux d'une autre,
ne songeoit plus à moi. Je suis fâchée,
Madame, ajouta cette bonne fille,
de vous annoncer une si mortifiante
nouvelle.

Eh, je la sçavois, lui dis-je, em-
portée par le besoin d'ouvrir mon
cœur, par l'espoir de trouver de la
consolation dans cette sensible créature ; je la sçavois, ma chere Molly,
vous ne m'apprenez rien dont je ne
fusse informée depuis long-tems.
Depuis long-tems, répéta Molly !
Prenez garde, Madame ; assuré-
ment la douleur trouble votre esprit. Le Capitaine Summers a été
marié la semaine passée dans l'Eglise
de S. Paul. Il parut hier pour la pre-

miere fois en public avec sa femme. Je m'apperçus bien à la comédie que vous souffrites beaucoup en le voyant à ses côtés....

A la comédie, interrompis-je! marié la semaine passée! Quoi? comment? que dites-vous? sa femme! aux côtés de sa femme! lui! de quelle femme me parlez-vous?

De Miftrifs Carrey, Madame, reprit-elle. M. Summers l'a publiquement époufée. Elle lui affure fa fortune, & on la dit confidérable.

J'ignore ce que je répondis, ce que je fis, ce que je penfai, ce qui m'arriva. Je perdis la tête en l'écoutant, & ne revins à moi que pour jetter de grands cris, frapper mon fein, me déchirer, me rouler par terre, comme un animal féroce

bleſſé d'un trait mortel, qui ſe dé-
bat, dont la douleur aiguë diminue
les forces & augmente la rage.

Au milieu de ce terrible accès de
fureur, on me préſenta une lettre de
l'horrible monſtre. Il m'informoit de
ſon mariage. Il avoit l'audace de me
donner des conſeils : le déteſtable
auteur de ma ruine s'intéreſſoit,
diſoit-il, à moi : au cas qu'il me fût
impoſſible de retourner dans ma
famille, il m'offroit, oui, l'inſolent
m'offroit une penſion. Sa premiere
femme étoit morte dès le commencement de mon ſéjour à Londres ;
mais le mauvais état de ſa fortune
& notre commun bonheur exigeoient, diſoit-il, notre éternelle
ſéparation.

O quel mouvement cette lettre

éleva dans mon ame ! Il me rendit mes forces, ma fierté, mon courage. Je defcends, prends une chaife, me fais conduire chez Miſtriſs Carrey. Je demande Summers. Il vient, s'étonne, frémit : j'approche. D'une main je faifis l'infâme, de l'autre je le frappe à coups redoublés, & laiſſe le couteau dans fon perfide fein. Il crie, chancelle, tombe. Je le vois fanglant, affoibli, prêt à terminer fa coupable vie. On m'arrête, on m'entraîne ici. J'y attends mon ar-rêt. Je ne me répens point. Les loix ordonnent ma mort, je ne refufe pas de fubir la peine qu'elles m'im-pofent : mais, mon ami, j'aurai fenti avant de mourir une douce fatis-faction. Je me fuis vengée, & je le répete, je mourrai contente.

M. Fenton ſe diſpoſoit à parler, quand la porte s'ouvrit bruſquement. Le Concierge entra criant: Courage, Madame, excellente nouvelle ; le Gentilhomme que vous avez tué n'eſt pas mort. Qu'entends-je, dit-elle, l'infâme reſpire encore? Ah, je vous en félicite, s'écria Fenton, tranſporté de joie ; mais eſt-il bien vrai? Ah très-vrai, ajouta le Concierge. M. Murphy ſort d'ici : il aſſure que Madame ſera admiſe à donner caution dans deux ou trois jours, pourvû que la fiévre ne prenne point au bleſſé : le ciel puiſſe-t-il le conſerver en l'état où il eſt à préſent. Puiſſe-t-il.....le foudroyer, l'anéantir, interrompit la fiere Miſs! oſez-vous bien en ma préſence faire des vœux pour ce monſtre? Mais, reprit le Concierge, étonné de fa colere, Madame n'y fonge donc pas? fa vie dépend actuellement de celle du Capitaine Summers. M. Murphy jure que s'il meurt, rien ne peut vous fauver.

Eh, de quoi fe mêle ce Murphy, demanda-t-elle, quel eft-il? Un très-habile, un très-fçavant homme, repliqua le Concierge, connoiffant parfaitement les Loix des trois Royaumes & la valeur du moindre terme dans leur interprétation. Procureur, Avocat, Notaire, Solliciteur, il eft tout ce qu'on veut. Il inftruit le procès, le Juge, les Témoins. C'eft un génie admirable : avec cela bon-homme, complaifant, facile & jamais partial. Il prend le matin la caufe du demandeur, & fouvent le ſoir celle du défendeur. Il eſt dans ce moment pour le Capitaine Summers ; mais ſi Madame lui parloit.... Moi, lui. parler ! dit Miſs Matheus, je m'en garderai bien. Cette affaire m'eſt trop indifférente pour eſſuyer volontairement l'ennui d'un pareil entretien. Je ne veux point voir votre Murphy.

J'entends, reprit le Concierge en jettant un regard malin ſur Fenton ; Madame s'eſt choiſi un conſeil. Au reſte, ſon dîner eſt prêt. Comme j'ai vû à ſon air qu'elle étoit une perſonne de diſtinction, je n'ai rien épargné pour la bien traiter. Ce ſoin m'oblige, dit-elle ; faites-nous ſervir. Monſieur Fenton voudra bien m'accorder ſa compagnie à table.

Le Concierge auroit mieux aimé

qu'il dînât en particulier, ou conti-
nuât d'être fon penfionnaire à l'im-
menfe réfectoire où mangeoient une
partie des prifonniers ; mais ne le
croyant pas en état de faire une
grande dépenfe, il fe prêta de bonne
grace aux defirs de Mifs Matheus,
fe promettant bien d'ajouter fa com-
plaifance au bas du mémoire. Il appella, on apporta le dîner, &, comme
il l'avoit annoncé, il fe trouva com-
pofé de mets délicats & affez bien
apprêtés.

Pendant le repas, Mifs reçut les
tendres félicitations de fon ami, fur
l'heureufe apparence de fa pro-
chaine liberté. Elle lui laiffa entre-
voir qu'elle fupporteroit le malheur
de vivre & de n'être point vengée,
fi elle jouiffoit fouvent du plaifir de

s'entretenir avec lui. Elle parla beaucoup du pouvoir des premieres in-
clinations ; & perdant un peu le fou-
venir de fes chagrins, elle mêla de
l'agrément, & prefque de la gaieté
au foin de fervir M. Fenton, & de
lui préfenter tout ce qu'elle croyoit
propre à flatter fon goût.

Le récit vif, animé de la jeune
Mifs, fes réflexions fur elle-même,
le regret de fa faute, fon mépris
pour fes propres foibleffes, venoient
de prévenir en fa faveur un homme
doux, fenfible, & naturellement
porté vers l'indulgence. Pendant le
cours de cette petite hiftoire, un
tiers eût pu faire d'embarraffantes
objections. M. Summers, parfaitement inftruit d'une aventure dont il
étoit le héros, ne la contoit pas de
même.

même. Soit oubli, soit vivacité, l'impétueuse Miss n'avoit pas été d'une exactitude scrupuleuse sur de certains faits. Des détails négligés, de légeres circonstances supprimées, pouvoient peut-être, je ne dis pas excuser, mais rendre moins révoltant l'abandon & les procédés dont elle se plaignoit. Assûrément, quand il s'agit de la réputation d'une femme, il y auroit de la cruauté à s'en rapporter entiérement à un Capitaine de Dragons ; mais ne seroit-ce point une imprudence de rejetter absolument son témoignage ?

On prétendoit dans la province, qu'aussi bonne citoyenne que son pere ; comme lui, Miss Matheus aimoit ces hommes généreux dont la vie est consacrée à la défense & à la gloire de leur patrie. Avant le féjour de Summers chez elle, aucune apparence, au moins éclatante, ne déceloit encore que ce goût pût être porté trop loin. Son amant convenoit de l'avoir attendrie, & non pas féduite; recherchée , & jamais trompée. Le deffein de l'époufer n'étoit point, difoit-il, entré dans fes projets, il affuroit même qu'elle le fçavoit: lui reprochoit de s'être obftinée à vouloir l'y contraindre, en forçant fon pere de lui offrir une main qu'il ne pouvoit ni ne vouloit accepter. Il s'étoit vû obligé de l'enlever malgré lui, de fe charger de la haine d'une famille qu'il eftimoit, de s'enfévelir avec elle dans une longue retraite, de fupporter fes humeurs, fes caprices, fa jaloufie, &

les marques continuelles de la plus
terrible paſſion. Falloit-il encore lui
ſacrifier ſa fortune, un établiſſement
conſidérable? Rien dans le monde
ne lui eût perſuadé d'épouſer une
fille altiere, impérieuſe, qui d'ailleurs avant de le connoître.... Mais
n'achevons pas. Miſs Matheus priſonniere, incertaine de ſon ſort,
mérite encore une tendre pitié. On
doit reſpecter le malheur. Suſpen-
dons ſeulement notre jugement. Il
ſe pourroit bien que Summers eût
tort & elle auſſi. Ces femmes paſ-
ſionnées, violentes, capables d'employer le fer & le poiſon pour ſe
venger d'un outrage reçu, ne ſont
pas toujours celles qui s'expoſent le
moins au danger d'être offenſées. La
ſuite nous découvrira la vérité , &

la conduite de Miſs Matheus nous éclairera ſur ſes ſentimens.

Le dîner fini, la porte fermée & le thé préparé, Miſs pria ſon ami de vouloir bien l'inſtruire de ce qui lui étoit arrivé depuis leur ſéparation. En vérité, vous m'embarraſ-ſez, dit M. Fenton. Les événemens que je pourrois vous raconter ſont trop ſimples, trop ordinaires pour mériter votre attention. Ne m'obli-gez point à vous fatiguer par une longue ſuite de petits incidens, d'aventures fâcheuſes, affligeantes, très - douloureuſes quand on les éprouve, mais dont le récit ne porte ni l'émotion , ni l'attendriſſement dans le cœur des autres.

Eh penſez-vous, mon cher Jem-my, dit Miſs Matheus, qu'en vous

demandant de la confiance, je cherche à me procurer de l'amufement?
Ne me faites pas l'injuftice d'attribuer ma priere à un mouvement de
curiofité , ou au defir de me dif-
traire. Parlez mon ami , parlez , &
foyez sûr de me plaire. Le moindre
récit, les faits les plus fimples de-
viennent attachans , quand on aime
la perfonne qu'ils intéreffent.

Vous le voulez , Mifs ; je ne ré-
fifte plus, dit M. Fenton , en s'incli-
nant profondément pour la remer-
cier d'un langage fi flatteur ; & s'approchant tout près d'elle , il com-
mença ainfi.

Vous fçavez, Mifs, qu'au retour
de mes voyages tout me promettoit
un fort affez heureux. La mort de
mon pere, celle de mon frere aîné,

devoient me rendre le plus riche Gentilhomme de ma province. Une exacte connoiſſance de leurs affaires détruiſit bien - tôt mes eſpérances. Mon pere, faſtueux & négligent, avoit laiſſé un bien en deſordre. Mon frere, paſſionné pour les courſes de chevaux, loin de prendre des arrangemens convenables à ſa ſituation, employa des ſommes immenſes en paris, s'abîma, ſe vit ſans reſſources, & alloit quitter l'Angleterre quand il mourut.

A mon arrivée je trouvai ma ſœur au deſeſpoir. Nous nous aimions tendrement. Elle pleuroit ma ruine, & je ſentois vivement le malheur de ne pouvoir lui procurer un établiſſement. Malgré mon amitié pour elle & l'indigence où nous allions reſter,

je réſolus de faire honneur à la mémoire de mon pere & à celle de
mon frere, en ſatisfaiſant à toutes
leurs obligations. Mes gens d'affaires m'indiquoient des moyens de
ſauver une partie de mon bien, **en**
ſuppoſant des créances anciennes,
en augmentant les débiteurs, faiſant perdre à tous, & profitant de la
remiſe que chacun feroït forcé d'accorder; mais l'équité ne me permit
pas de ſuivre ces conſeils. Je ne
crus pas devoir diſcuter des droits
réels, & je me déterminai à vendre
mon héritage

Le Chevalier Rowland, mon pa-
rent, homme riche, intéreſſé, ac-
tif, intelligent, ayant une parfaite
connoiſſance de la valeur de mes
terres, me vint propoſer de les lui

engager pendant l'efpace de vingt ans. Si j'y confentois, il fe chargeoit, me dit-il, de garder ma fœur chez lui, de la traiter comme une de fes filles, & de me rendre à la fin du tems prefcrit la jouiffance de mes revenus & la propriété de mon bien, en retenant feulement alors la penfion de ma fœur & celle de fa femme de chambre. J'acceptai cette offre avec joie. Le Chevalier fit dreffer le contrat comme il lui plut. Je le fignai. Il prit des arrangemens dont les créanciers fe contenterent. Sa femme eut la bonté de venir chercher ma fœur. Je la vis partir avec douleur : notre féparation fut trifte. Le Chevalier me voyant difpofé à entrer dans le fervice, me fouhaita du bonheur, de la gloire, & fur-tout

de

de la patience, m'affurant que vingt ans n'étoient pourtant pas fi longs à paffer qu'on le croyoit à mon âge. Il retourna chez lui, & je me rendis à Londres. Je fis une campagne en qualité de volontaire dans le régiment de Milord Gage, & l'hyver d'après j'obtins une compagnie.

Toute ma fortune fe réduifoit à une petite rente que m'avoit laiffé une de mes coufines, & à ma compagnie. Je jouois : le hafard me favorifoit : je me foutenois affez noblement ; mais l'amour vint troubler ma tranquillité & remplir mon cœur d'amertume. Je vis l'aimable Amélie, & malgré ma réfiftance elle me foumit à fes loix. Miftrifs Harris, fa mere, venoit fouvent chez Lady Courteney, une ancienne amie de ma famille. En m'entendant nommer elle se rappella l'attachement qu'elle avoit eu pour ma mere, & me marqua beaucoup de bienveillance. Bien-tôt sa maison me fut ouverte. Ou y jouoit le soir : elle me retenoit, m'engageoit à faire sa partie ou celle de ses filles ; & quand je laissois passer deux jours sans les voir, j'essuyois une obligeante querelle, & de doux reproches de toutes les trois.

La distinction dont m'honoroit Mistriss Harris, m'exposa au danger de contempler de trop près les charmes d'Amélie. Miss Betzy, sa sœur cadette, sembloit ne paroître à ses côtés que pour augmenter son éclat. Que de graces ! quel teint ! quels yeux ! Une bouche riante & ver-

meille, des dents parfaites, de si
beaux cheveux, une taille svelte, légere, un souris plein de candeur, des
mains si bien dessinées ; des bras ad-
mirables ! mille attraits déjà formés ,
d'autres naissans encore ... Eh je l'ai
vûe, je la connois, interrompit Miss
Matheus : passons aux sentimens que
vous inspirerent tant d'agrémens.

Ils furent bien nouveaux pour
moi, ces sentimens, reprit M. Fenton. Des femmes agaçantes avoient
excité mes desirs, des folles s'étoient
rendues puissantes sur mes sens ;
mais Amélie devoit m'apprendre
combien un penchant véritable est
différent de ces légeres impressions.
Si sa figure me surprit, sa douceur,
son esprit , son naturel tendre &
généreux m'enchanterent. Je crus

long - tems pouvoir l'admirer, la chérir, la respecter, sans prendre pour elle une passion que tout me faisoit craindre de ressentir, & plus encore d'inspirer. La fortune élevoit une barriere insurmontable entre nous. Mille amans s'empressoient autour d'elle. Je voyois leurs prétentions soutenues par l'éclat du rang, des titres, des richesses : Eh moi, qu'avois-je à lui offrir ? La raison, l'honneur, l'amitié me défendoient de chercher à lui plaire. Ainsi, Miss, des desirs secrets, une tendresse sans espérance, une crainte extrême de la laisser paroître, le soin continuel de réprimer ces mouvemens si prompts qui échappent & décelent les sentimens de notre cœur, de tristes réflexions, un dur silence, de la jalousie, des peines ; voilà ce que l'amour sembloit me réserver auprès de la plus charmante des créatures.

Pendant la derniere campagne, notre Régiment avoit beaucoup souffert ; on décida qu'il ne serviroit point cette année. Il repassa la mer, & on l'envoya en garnison sur les côtes. Par un heureux hasard, ce fut à trente milles de cette belle Terre que possédoit Mistriss Harris dans le voisinage du château de votre tante. Au commencement du printems, elle se disposa à partir pour y passer sept ou huit mois. Elle m'invita à m'y rendre aussi souvent qu'il me seroit possible. Je le lui promis ; & pendant le tems de mon séjour au Régiment, je fis plusieurs voyages chez elle. Je me souviens de vous y avoir vûe ; je me rappelle aussi qu'Amélie & sa sœur devoient être à ce bal, où j'eus l'honneur de partager les applaudissemens qu'on donnoit à votre danse ; mais une légere incommodité de Mistriss Harris priva ses filles du plaisir d'assister à cette fête.

La fin de l'automne nous ramena tous à Londres. Peu de jours après notre arrivée, la crainte d'un cruel événement me fit connoître combien Amélie avoit pris d'empire sur un cœur formé pour l'adorer. Elle fut attaquée de cette maladie terrible, qui menace également la vie & la beauté. On éloigna Miss Betzy. Je m'enfermai avec Mistriss Harris, dont l'inquiete douleur étoit extrême. Je ne quittai point la chambre de ma chere Amélie, je lui rendois les plus tendres foins : ô qui pourroit exprimer les agitations de mon ame en la voyant fouffrir ! ma terreur, ma confternation dans les momens où on la croyoit en danger! Aimable & chere créature ! elle confervoit fa douceur au milieu de fes plus grands maux. Elle confoloit fa mere, me remercioit. Complaifante, docile, elle fe prêtoit à tout ce qu'on exigeoit d'elle: non qu'elle redoutât la mort; mais elle craignoit d'affliger ceux dont elle étoit aimée. Ah, fi je l'avois perdue ! fi le ciel m'en eût privé, qui jamais auroit pu la remplacer, me rendre les fentimens qu'elle m'infpiroit, qu'elle m'infpire encore, qu'elle m'infpirera toujours !

I iv

Vous êtes un hiftorien plus exact que poli, dit Mifs Matheus. Mais pourfuivez. Eh bien, vous ne la perdîtes point? elle guérit?

Oui, reprit M. Fenton, elle guérit; mais fa convalefcence fut longue. Il lui refta une grande foibleffe, & fon teint demeura fort rouge. Ses yeux long-tems fermés, s'ouvrirent enfin; mais leur inflammation ne diminuoit point. Pendant trois mois, on craignit qu'ils ne perdiffent leur éclat; & même le bruit fe répandit qu'Amélie ne recouvreroit jamais fes charmes. Comme on ajoute toujours aux nouvelles qui fe débitent dans le monde, bientôt chacun fit d'elle un portrait à fa fantaifie, & peu s'en fallut qu'on ne la crût un monftre.

Elle pensa elle-même que rien ne lui rendroit ses agrémens , ni sa premiere fraîcheur. Sa gaieté ne fut point altérée par cette persuasion ; elle soutint la désertion de ses amans, & l'idée de l'éternelle laideur , dont elle se voyoit menacée, avec une force d'esprit qu'on ne devoit attendre ni de son âge ni de l'habitude où elle étoit de recevoir un tribut continuel de louanges & d'adorations. Que cette noble indifférence pour sa beauté me donna d'admiration ! qu'elle me la montra supérieure à tout son sexe ! Elle pouvoit bien négliger cette partie de ses avantages, elle en possédoit tant d'autres !

Oh, sans doute, interrompit encore Miss Matheus ; je me rappelle d'avoir entendu parler du merveilleux héroïsme de Miss Amélie dans cette occasion. Mais, Monsieur Fenton, on ne dit pas tout ce qu'on pense; & sous un visage riant, on cache souvent des regrets amers, dont la confidence ne serviroit à rien. L'amour-propre a bien des ressources.

Vous offensez Amélie, dit un peu fâché Monsieur Fenton; elle a de la grandeur d'ame, elle en a beaucoup, Miss: si vous l'aviez connue plus particulierement , vous applaudiriez aux louanges que je ne puis m'empêcher de lui donner. Eh, pourquoi ne les lui donnerois-je pas? Un mari doit-il refuser à sa femme une justice que tout le monde se plaît à lui accorder ? N'osera-t-il exalter ses vertus , parce qu'elles le rendent heureux ? Pourquoi le possesseur d'un bien rougira-t-il d'avouer qu'il l'eſtime & ſçait l'apprécier ? De combien de chimeres ſe nourrit l'orgueil ! On tire un vain honneur de raſſembler autour de ſoi tout ce que les deux mondes offrent de rare ou de magnifique ; & le tréſor le plus précieux , une femme eſtimable n'eſt point comptée au rang de ce qui fait le bonheur. Me préſerve le ciel d'adopter jamais ce ridicule préjugé. Excuſez ma ſincérité , Miſs ; ſouffrez les effuſions de mon cœur, ou terminons ici mon récit. Je vous l'ai déjà dit, il n'eſt pas digne de vous occuper.

Pardonnez-moi , mon ami , reprit Miſs Matheus : à quelques épithetes près , quelques répétitions inutiles , vous contez aſſez naturellement. Je vous écoute avec plaisir. Allons, voyons. Ces apparences de laideur ne durerent pas long-tems.

Non, poursuivit le tendre mari : au grand regret de ses jeunes compagnes, Amélie reparut plus belle & plus brillante que jamais. Elle étoit grandie, son air paroissoit plus noble, sa taille plus formée. Ceux qui l'avoient abandonnée, n'exciterent ni ses regrets, ni sa colere ; mais ils lui inspirerent du mépris. Comme la bonté de son cœur la rendoit sensible aux moindres peines de ses amies, elle apprit avec douleur que des personnes dont l'attachement pour elle sembloit sincere, s'étoient répandues en railleries sur son accident, dans le tems où on croyoit qu'elle perdroit la vûe. Elle ne daigna pas s'en plaindre ; mais elle en conserva du ressentiment , & les traita depuis avec beaucoup de négligence & de froideur.

Il lui étoit impossible de douter de la préférence que je lui donnois sur tout le reste du monde. Ma conduite pendant sa maladie, mon assiduité, mes soins, mes regards, mes attentions l'assuroient au-moins de la plus tendre amitié. Toujours décidé à lui cacher mes sentimens, je m'efforçois de les renfermer dans mon cœur. Amant secret & réservé, mais ami zélé, connu, avoué, je goûtois la douceur de la voir, de lui parler, d'être sans cesse auprès d'elle. Souvent je me trouvois heureux : comme elle recevoit encore peu de visites, je restois quelquefois des heures entieres dans son cabinet à étudier de la musique, sans autres témoins que sa sœur ou une de leurs femmes. Deux couplets de chanson, composés sur un air qu'Amélie aimoit, amenerent un jour l'unique sujet de conversation que j'évitois soigneusement de traiter avec elle. Nous parlames de l'amour, & elle me demanda si je n'avois jamais aimé. Cette question me troubla, m'interdit : je demeurai confus, incertain de ce que je devois dire. Je baissois les yeux, je n'osois ouvrir mes levres, prêtes à laisser échapper le plus tendre aveu. Comment feindre avec ma charmante amie, lui déguiser la vérité, affecter de l'indifférence, quand mes regards, quand le son de ma voix démentiroit peut-être mes paroles ? Je gardai le silence, soupirai, & détournai la tête pour cacher les marques de l'attendrissement qui se mêloit à mon embarras.

Un desordre si grand, dont l'occasion étoit si légere, surprit Amélie. Elle se tut assez long-tems. Vous me faites appercevoir, dit-elle enfin, que j'ai été indiscrette : mais comme je me flattois d'avoir votre confiance, j'ai cru pouvoir hasarder cette question. L'effet qu'elle produit m'étonne & me confirme dans l'idée où je suis, que votre cœur n'est point tranquille. Je remarque en vous une tristesse habituelle. Elle s'interrompt quelquefois, mais elle ne se dissipe pas. N'y voyant point de cause apparente, ou du moins nouvelle, j'ai penſé que peut-être une inclination ſecrette vous rendoit malheureux. Je vous ai des obligations ſi grandes, ſi récentes, que je m'accuſerois d'ingratitude, ſi je ne me ſentois pas diſpoſée à partager vos chagrins, à prendre un vif intérêt à ce qui vous touche. En me choiſiſſant pour votre confidente, donnez-moi les moyens de vous prouver ma reconnoiſſance & mon amitié.

Vous avez bien deviné, Miſs, m'écriai-je, tranſporté du plaiſir de lui entendre dire qu'elle s'intéreſſoit à moi : oui, une inclination ſecrette, ou plutôt un penchant inſurmontable eſt la ſource de ma peine. J'aime avec tendreſſe, j'aime avec douleur : je ne puis être heureux, je

ne

ne puis même souhaiter de le devenir. Condamné à souffrir, à me tai-
re, à desirer que l'objet de mon ardeur ignore toujours ma passion, à
renfermer mes sentimens, à craindre
plus que la mort de les lui voir partager, je gémis, je vis dans une contrainte continuelle; & malgré cette
destinée bisarre, il est des momens
où j'éprouve des plaisirs délicieux,
où je ne voudrois pas changer ma
situation. Mais qu'ils passent rapide-
ment ces instans flatteurs ! Quand je
songe que si j'étois aimé, je ferois le
malheur de ce que j'aime ; quand je
me vois privé pour si long-tems d'u-
ne fortune qui me permettroit d'as-
pirer au plus grand des biens, je me
livre au desespoir, je me reproche
une ardeur insensée, je travaille à

Tome I.   K

l'éteindre..... A l'éteindre, interrompit Amélie : ah ! vous n'aimez
pas autant que vous le croyez. J'ai
entendu dire à des perſonnes ſenſi-
bles , que de tant de projets dont
s'occupe un amant malheureux, celui de ne plus aimer eſt le ſeul qui
ne ſe préſente point à ſon idée, qu'il
lui eſt impoſſible de former.

Que ce peu de mots prononcés
avec vivacité , du ton dont on ac-
compagne un tendre reproche, me
fit ſentir une douce émotion ! Je pris
ſa main , je la preſſai dans les mien-
nes ; j'oſai l'approcher de ma bouche, la baiſer pour la premiere fois.
Eh ! qu'importe, lui dis - je d'une
voix baſſe & tremblante , qu'importe ces vains, ces inutiles efforts ?
ils augmentent mes tourmens, &

n'affoibliſſent point mon amour ; ils n'offenſent point celle que j'aime. Ah ! ſi vous ſçaviez combien je la reſpecte.... Chere Miſs, ſi vous ſçaviez.... Mais que veux-je vous dire ! Non, ce ſecret.... je le tairai toujours. O Miſs Amélie ! votre cœur paiſible ne peut concevoir les cruelles douleurs qui déchirent le mien.

Une modeſte rougeur ſe répandit ſur ſon viſage. Elle me regarda, détourna promptement ſes yeux, les fixa à terre, retira ſa main ; & paroiſſant auſſi embarraſſée que moi, On n'eſt pas tout-à-fait paiſible, dit-elle, quand on voit ſes amis dans le trouble. Votre poſition eſt bien ſinguliere ! Mais, comment ? pourquoi craignez-vous d'être aimé de celle

qui vous infpire une paffion fi forte ?
Eft-il poffible d'aimer fans fouhaiter
de plaire ? Se peut - il qu'une perfonne digne de faire naître des fentimens fi tendres, fi délicats, fe trou-
vât malheureufe de les partager ?
Vous me donneriez mauvaife opinion de votre choix, fi vous me
laiffiez penfer que la fituation pré-
fente de votre fortune fût pour votre maîtreffe une raifon de rejetter vos vœux. Eh, que font tous les
biens du monde, comparés à la certitude d'être aimée d'un homme eftimable, de devenir fon heureufe
compagne, & de fe voir l'arbitre
de fon bonheur !

En l'écoutant, je me fentois enlever à moi-même par un charme
puiffant & invincible. Oui, un mou-

vement paſſionné m'entraînoit malgré moi, m'alloit faire tomber aux
pieds d'Amélie : plus d'égards, de
raiſon ; mon ſecret m'échappoit, ſi
la voix de Miſtriſs Harris qui en-
troit, ſuivie de pluſieurs perſonnes,
n'eût arrêté l'impétuoſité de ce mouvement. Incapable de parler, d'entendre, de répondre, je feignis une
ſubite indiſpoſition, ſortis & gagnai
le parc Saint-James, ſi ému, ſi oc-
cupé de mes penſées, que je ne ſçavois ſi je marchois, ou ſi je reſtois
en place. Au milieu de cette violente
agitation, des tranſports de joie s'é-
levoient dans mon ame. Amélie m'a
entendu, me diſois-je ; elle m'a montré de l'eſtime, de l'amitié, & prefque de la tendreſſe ; mon infortune
ne l'éloigne point de moi ! Quoi, je

lui plairois ! Quoi, j'aurois touché son cœur ! elle daigneroit être ma compagne ! Ah, que ne puis-je dire comme elle : *Mon heureuse compagne !*

Mon ami, dit Miss Matheus, je vous admire, en vérité. Eh, comment depuis si long-tems vous souvenez-vous de tout cela ? Je ne vous croyois pas une mémoire si fidelle. On vous a tenu, j'en suis sûre, des discours qui méritoient bien autant d'être gravés dans votre esprit ; cependant vous les avez oubliés. Qui vous a dit, Miss, que je les aye oubliés, reprit M. Fenton ? Votre conduite, ajouta-t-elle ? Mais continuez. Vous étiez donc dans le parc, parlant tout seul comme un fou.

Quand l'air eut un peu calmé

mes fens, pourfuivit-il, je réfléchis
plus pofément à ce qui venoit de fe
paffer entre Amélie & moi. Je me
rappellai plufieurs de fes actions,
de fes difcours, qui, échappés à une
perfonne auffi fage, auffi réfervée,
fembloient déceler une tendre pré-
vention. Je n'avois jamais voulu les
interpréter en ma faveur ; j'ofai le
faire alors. Mais où me conduifirent
ces idées flatteufes ? A me trouver
le plus malheureux des hommes ; à
me confirmer dans la réfolution de
ne point profiter des difpofitions fecrettes d'Amélie, de ne jamais abufer des bontés d'une fille refpecta-
ble, deftinée à une grande fortune,
mais dépendante de fa mere ; d'une
fille affez noble, affez fenfible pour
préférer peut-être la fatisfaction de

fon cœur & la félicité de fon amant, à l'efpérance d'un établiffement confidérable. Je n'aurois pas balancé un inftant entre l'empire du monde, & la main d'Amélie ; mais je me fentois capable de renoncer à fon cœur, à fa vûe, à la vie, à mon amour même, plutôt que de confentir à lui voir facrifier fes intérêts à ma tendreffe.

Le croirez - vous, Mifs? je me déterminai à feindre, à la tromper, à devenir l'objet de fon mépris, de fa haine peut-être, pour m'ôter tous les moyens d'être jamais la caufe de fa ruine. Elle fçavoit que j'aimois, je le lui avois dit ; mais celle qui m'infpiroit tant d'ardeur, ne lui étoit pas connue, au moins par mon aveu. Je pouvois détourner fes idées d'elled'elle-même, les fixer fur une autre perfonne , effacer de fon ame ces impreffions qui devoient m'être fi cheres ! Me bannir de ce cœur qu'il me fembloit fi doux de toucher , dont la moindre préférence eût fuffi à mon bonheur ! Ah, Mifs, que je me fentis malheureux en m'arrêtant à ce cruel projet !

Malheureux ! dit Mifs Matheus, vous vous traitiez doucement : il ne tenoit qu'à vous de vous trouver très - extravagant. Defefpérer une femme de peur qu'elle n'ait un jour du chagrin , c'eft être bien pré-voyant. Et fites-vous cette fottife ?

Je commençai , reprit Monfieur Fenton, par effayer s'il me feroit poffible de me priver du feul plaifir auquel j'étois fenfible. Je paffai deux

<table>
<tr><td>Tome I.</td><td>L</td></tr>
</table>

jours fans voir Amélie , & je les paffai feul dans une trifteffe inexprima-
ble, combattant entre le defir d'aller chez elle , & la crainte de ne
pas me tenir tout ce que je me pro-
mettois. Le troifieme jour, mon laquais me donna à mon réveil un
billet de Miftrifs Harris. Elle s'informoit de ma fanté , me grondoit,
fe plaignoit de mon abfence, & me
prioit à dîner. Je voulus m'en défen-
dre , lui écrire que je n'irois point ;
mais je ne pus imaginer un prétexte
de refus, & pris le parti de me rendre à fon obligeante invitation.

Je trouvai Amélie fort parée : elle
rougit en me faluant ; & pour la premiere fois il me fembla qu'elle me
recevoit avec un peu de froideur.
Je crus démêler de l'inquiétude dans

ſes yeux. Qu'elle étoit belle ! En la regardant, je me demandois comment j'avois pu paſſer volontairement deux jours ſans la voir. Je la priai de me dire ſi je me trompois, en penſant remarquer une ſorte de changement en elle. Je ne ſuis pas ſujette à l'humeur, me répondit-elle ; on ne m'accuſe point de caprice. Et me regardant fixement : Qu'avez-vous donc fait pendant deux jours entiers ? on aſſure que vous n'êtes point ſorti de chez vous. J'y ai rêvé, répondis-je. Rêvé, dit-elle ; & à quoi ? A mon infortune, Miſs ; à tout ce qui peut aſſurer votre félicité. Elle baiſſa les yeux, ſoupira ; & d'un ton doux & languiſſant : Eſt-ce loin de moi qu'il faut s'occuper de moi, dit-elle ? eſt-ce fous un même point de vûe qu'il faut envifager votre infortune & ma félicité ? Sa mere m'appella pour jouer. Je ne pus lui parler ; & du refte du jour nous ne retrouvâmes point l'occafion de renouer un entretien particulier. Mais le lendemain apporta un terrible changement dans notre fituation.

J'allai de bonne-heure chez Amélie ; Mifs Betzy fortoit ; fa mere écrivoit : elle me fit prier de monter à l'appartement de fes filles, en attendant qu'elle eût fini des lettres preffées. J'entrai. Amélie étoit feule. Le cœur me battit avec tant de violence en la voyant, qu'il me fut impoffible de lui rien dire. Elle me falua avec cet air de bonté qu'elle avoit accoutumé de me montrer. Elle me regardoit, fourioit, & fembloit jouir d'une confufion dont elle devinoit la caufe. Mon filence durant toujours : Eh bien, me dit-elle, combattez-vous encore ce tendre penchant que vous craignez de laiffer voir ? eft-ce pour en triompher que vous fuyez vos amis ? Deux jours de folitude vous ont-ils rendu votre indifférence ? N'aimez-vous plus ?

On n'éteint pas fi aifément une ardeur véritable, répondis-je. J'aime encore, Mifs ; j'aimerai longtems ! J'ai cependant tiré un avantage des durs combats de mon cœur. Je me fuis déterminé à éviter la préfence de celle que j'aime ; je ne la verrai plus. Vous ne la verrez plus, répéta Amélie ? Et fi cette réfolution l'affligeoit ; fi elle fe plaifoit à vous voir ; fi elle vous aimoit ! Ce feroit un nouveau motif de m'éloigner d'elle, ajoutai-je. Non, Mifs, je ne la verrai plus. Mais loin de fuir mes amis, c'eft auprès de vous que j'efpere trouver de la confolation. Une amie fi chere m'aidera à fupporter l'abfence d'une maîtreffe. Votre eftime me dédommagera du facrifice que je crois devoir faire. Vous m'avez permis de vous confier mes peines ; la douceur de me plaindre avec vous peut feule les adoucir, me donner la force de réfifter à des chagrins fi vifs. Je viens vous ouvrir mon ame toute entiere, & vous demander des confeils & de la pitié.

Amélie, pâle, tremblante, interdite, laiffa tomber fa tête fur fon ſein, étendit le bras vers moi comme pour me repouſſer, ou m'impoſer ſilence ; & ſans me regarder : Au nom du ciel, ne m'en apprenez pas davantage, dit-elle ; à quoi penſois-je en vous preſſant de parler ! ſuis-je en état de donner des conſeils ? ſçait-on adoucir des maux que l'on n'a point ſentis ? me convient-il d'entrer dans de pareils ſecrets ? Quand j'ai deſiré votre confidence, je croyois.... oui, je croyois connoître celle que vous aimez.

Vous la connoiſſez auſſi, repris-je fort ému ; vous la connoiſſez beaucoup. C'eſt.... c'eſt.... J'héſitois, je cherchois un nom au haſard. Mais ſi près d'Amélie, quelle femme pouvoit revenir à mon idée ! Eh bien, c'eſt, c'eſt, répéta-t-elle d'un air

L iv

abattu. Miſs Osborne, dis-je enfin.
La grande fortune de cette fille la
rappella à mon eſprit comme un des
partis dont la mienne m'éloignoit le
plus. Malheureuſement c'étoit la
ſeule perſonne qu'Amélie haïſſoit, ſi
pourtant la haine a jamais fait partie
des mouvemens d'un cœur tel que
le ſien.

Je ſuis bien deſtinée à me tromper dans le choix de mes amis, s'é-
cria la charmante fille en joignant
ſes mains, & me jettant un triſte regard, dont mon cœur fut pénétré.
Vous, Monſieur, vous qui m'avez
paru ſi ſenſible à mes moindres chagrins, ſi attaché à mes intérêts ; vous!
aimer ma cruelle ennemie ! celle qui
a pu goûter une maligne joie du malheur de ſa compagne ; inſulter par

des railleries piquantes, une amie toujours prête à l'obliger, à vanter ses charmes, à cacher ses défauts ! Avant que l'héritage de sa tante l'eût rendue indépendante, elle n'étoit point heureuse ; sa mere la haïssoit. Combien de fois j'ai pleuré pour cette ingrate. Avec quelle tendresse je partageois toutes ces petites mortifications dont l'enfance se fait des malheurs. De quel prix elle a reconnu mes soins ! quand on desespéroit de ma vie, quand je devois lui inspirer de la pitié, être l'objet de sa compassion, j'ai été celui de ses froides plaisanteries. Vous le sçavez, Monsieur ; son procédé a excité votre indignation. Vous la méprisiez, & vous l'aimez ! Un si mauvais cœur a pu toucher le vôtre ? Ce vil caractere n'a point fermé vos yeux fur des agrémens paffagers. Oh, Monfieur Fenton! qui m'eût dit... Vous ne deviez pas m'avouer un penchant.... il m'offenfe; il bleffe notre amitié; il en brifera les liens. Mais pourquoi, ajouta-t-elle, en s'abandonnant à toute fa douleur; pourquoi exigerois-je de vous des égards, quand une amie qui m'en devoit tant, m'a traitée avec dureté, avec baffeffe, avec inhumanité?

Comment exprimer le mouvement dont mon cœur fe fentit preffé, quand j'apperçus le vifage d'Amélie inondé de larmes. Quel miférable artifice, m'écriai-je! quelle indigne feinte! comment ai-je pu l'employer! O, mon aimable, ma feule amie, unique objet de mon eſtime, de ma tendreſſe , de toutes les affections de mon ame ! voyez à vos pieds un malheureux qui vous chérit , vous reſpecte, vous adore ! Moi, aimer votre ennemie ? Je vous vois , & j'en aimerois une autre ? Ah, pardonnez-moi ce ridicule détour. J'ai cru vous ſervir en vous cachant mon ardeur. Oui, je vous adore, je vous adorerai toujours.

Une joie douce & modeſte ſe répandit ſur tous les traits de la ſenſible Amélie. Les couleurs de ſon tein ſe ranimerent ; ſes yeux , encore mouillés de pleurs , chercherent timidement les miens. Nos larmes ſe mêlerent. O , Jemmy , Jemmy , me dit-elle du ton le plus tendre, avez-vous pu me faire penſer,

me laiſſer croire un moment......!
Ah, répétez-moi cent fois que vous
m'ai.... que Miſs Osborne n'eſt
point l'objet de votre amour. J'en
jure par vous-même, m'écriai-je,
par vous qui m'enchantez, que rien
n'effacera jamais de mon cœur.

Eh, pourquoi donc, reprit-elle,
percer le mien d'un trait ſi douloureux? Pourquoi cette feinte cruelle?

O ma chere Amélie! votre intérêt, le déſir de ne point troubler votre bonheur, m'ont fait craindre.....
Oſerai-je le dire! m'ont fait craindre de vous plaire. Tout ce qui an-
nonce la félicité à un amant ordinaire, cauſe ma douleur. Quel eſt
mon eſpoir en vous aimant? Songez
à la différence actuelle de nos for-
tunes. Cette mere reſpectable, qui

vous a élevée avec tant de tendreffe, de foins, vous a infpiré des vertus fi rares, qui vous rendent fi aimable ; maîtreffe de choifir une hé-
ritiere entre fes deux filles , vous
préfere à votre fœur. Elle veut vous
placer dans un haut rang. N'a-t-elle
pas raifon, vous êtes fi digne d'y
monter ! Nos biens réunis, ma naiffance, me procureroient aifément
un titre : mais combien d'années
doivent s'écouler avant que le mien
revienne en ma puiffance ?

Et croyez-vous, dit Amélie, que
de vaines grandeurs excitent mes
defirs ? Non, repris-je ; mais l'homme qui vous aime, doit-il fouhaiter
que vous y renonciez pour lui ? En
vous fuppofant maîtreffe de vous-
même, les circonftances où je me

trouve formeroient encore des difficultés. Me conviendroit - il , ma
chere Amélie , de rechercher une
fille riche, d'accepter ses bienfaits ?
Je partagerois donc son aisance, &
ne pourrois lui prouver la générosité
de mon cœur. Gènée dans sa dé-
pense, elle se priveroit en ma faveur
d'une partie des agrémens qu'un autre époux lui auroit procurés ? Mais
jamais, jamais votre mere n'approu-
veroit un tel mariage. Je l'estime,
je l'aime; je ne lui proposerai point
une union si desavantageuse à sa fille
chérie.

Hélas , que deviendrons - nous
donc , s'écria Amélie! Je vous fui-
rai , lui dis-je; vous m'oublirez. O ,
mon incomparable amie , plaignez,
mais n'aimez point un homme qui

n'eft pas deftiné au célefte bonheur d'être à vous. Ah , grand Dieu ! fi nos fentimens éclatoient, fi Miftrifs Harris les découvroit ; fi elle vous puniffoit, vous abandonnoit à l'erreur qui vous féduit ; fi, cédant à mes brûlans defirs , je recevois cette main ; fi, perdant l'amitié de votre mere, vous deveniez la femme d'un foldat, dont l'honneur & l'amour font encore l'unique partage : ah, quelle feroit ma douleur, en voyant un ange fouffrir à mes yeux tous les maux attachés au befoin, à l'adverfité ! Chaffez-moi, banniffez-moi, ô mon Amélie ! aidez-moi à vous fuir ; ôtez - moi l'effroi mortel dont je me fens faifi en penfant que je vous verrois un jour vous repentir de m'avoir cru digne de vous.

O, heureuſe, & trois fois heureuſe Amélie, s'écria Miſs Matheus !
oh, que n'ai-je inſpiré des ſentimens
ſi tendres ! Quelle femme fut jamais
plus aimée ! Mon ami, qu'elle vous
adore, ou je la déteſte.

Aimez-la, Miſs ; aimez-la, dit
Monſieur Fenton ; elle mérite l'a-
mour de la nature entiere. Plût au
ciel, répondit l'aimable fille, que
maîtreſſe de moi-même, je puſſe
donner avec ma main le premier
trône du monde ! O Jemmy, Jemmy ! ſi vous liſiez dans mon ame,
vous ne l'affligeriez pas par ces triſ-
tes & inutiles réflexions. Vous, me
quitter, me fuir, & j'y conſentirois ?
Quelle fortune me dédommageroit
de la perte d'un cœur tel que le vôtre. Moi, vous oublier ! deſirer d'ê-
tre

tre oubliée de vous ! Non, de quelques malheurs que l'avenir me menace, jamais je ne formerai ce souhait cruel. Si ma mere me prive de son héritage, un bien plus cher me restera. Ma main ni mon cœur ne feront point le partage d'un autre. Ah, je ne vous bannirai pas ; la plus grande des disgraces seroit de cesser de vous voir. Rien, rien dans ce vaste univers ne mérite de vous être préféré.

Elle parloit encore , quand la porte de son cabinet s'ouvrant avec assez de bruit, présenta à nos yeux Mistriss Harris. Soupçonnant depuis un peu de tems l'inclination de sa fille & mon amour , elle m'avoit exprès ménagé la facilité de l'entretenir sans témoins. Un escalier dérobé conduifoit de fon appartement au cabinet d'Amélie ; elle s'y étoit cachée à l'inftant où j'y entrois , & venoit d'entendre toute notre converfation.

Jugez, Mifs, de l'effet que produifit fa vûe fur fa fille & fur moi. A genoux près d'Amélie , furpris, immobile , je ne fongeois point à me lever. Vous faites bien, Monfieur , me dit Miftrifs Harris , de garder une attitude fi foumife. Les fentimens de cette fille ingrate méritent votre reconnoiffance. Elle abufe des bontés de fa mere, dédaigne fes bienfaits. Mais , graces au ciel, elle a une fœur. Betzy, modefte , réfervée , incapable de rechercher la tendreffe d'un homme, & d'un homme affez prudent pour pouvoir la lui

cacher, me récompenſera mieux de
mon indulgence & de mes ſoins.
Elle ne préférera pas l'indigence à
la grandeur, un étranger à ſa mere ;
une indigne paſſion ne fermera point
ſes yeux à ſes intérêts & à ſes devoirs.
Et s'adreſſant à Amélie, qui pleuroit
& cachoit ſon viſage, Vous rougiſ-
ſez trop tard, Miſs, lui dit-elle : c'é-
toit en aſſurant un amant de votre folle ardeur, qu'il falloit ſentir
de la honte. Sortez imprudente, foible, inſenſée créature, ajouta-t-elle ;
ſortez, je ne puis ſouffrir la préſence
d'une fille qui a pu ſe manquer ſi
eſſentiellement à elle-même.

Amélie tomba à ſes genoux. Je
me proſternai aux pieds de cette
mere irritée : Pardonnez-lui, m'é-
criai-je ; pardonnez-lui , & je ne la

verrai jamais. Sans m'écouter, elle l'obligea de se lever & de sortir de la chambre. Mais tendre jusques dans sa colere, elle sonna & envoya une de ses femmes auprès d'Amélie, craignant que son saisissement ne la fît trouver mal.

Je me sentois prêt à m'évanouir. Mistriss Harris me prit la main, me força de m'asseoir, & me pria de l'écouter. Je ne me plains point de vous, Monsieur, me dit-elle. Vous êtes jeune, aimable, vous plaisez ; rien n'est plus naturel. Mon amitié pour vous m'a rendue imprudente. Ne devois-je pas prévoir qu'une figure aussi intéressante que la vôtre, de l'esprit, un si noble caractere, pourroient faire de vives impressions sur le cœur de mes filles ? En vous approchant d'elles , je les ai moi-même expofées au danger. Non, Monfieur Fenton, je ne vous repro-che point d'avoir féduit Amélie. J'ai tout entendu , & fuis pénétrée d'eftime pour l'honnête homme qui peut s'immoler lui-même au bien de ce qu'il aime. En vérité, Monfieur , fi vous jouiffiez feule-ment de la moitié de vos efpé-rances , je dirois comme ma fille : *Perfonne ne mérite de vous être pré-féré.*

Mais j'ai des parens ambitieux , continua-t-elle ; on fçait mes deffeins fur Amélie ; je l'ai prefque promife. Milady Nesby me la demande pour fon fils. Si, comme je l'exige, l'on-cle de ce jeune Seigneur confent à lui affurer une partie de fon bien , je

ne puis me difpenfer de conclure
une affaire qui convient aux deux
familles. Je vous le répete, vos fentimens viennent de me charmer.
L'intérêt de ma fille me défend de
contenter fon goût, fans me rendre
affez injufte pour blâmer fon choix.
Vous avez de la grandeur d'ame;
fuivez votre généreux deffein, fau-
vez Amélie de fa propre foibleffe. Il
eft digne de vous de travailler à fon
bonheur. Partez, allez à votre régiment, ne paroiffez plus aux yeux de
ma fille. Quand elle fera mariée,
qu'elle ne logera plus avec moi, ma
maifon vous fera ouverte; regardez-
moi comme votre meilleure amie,
comme une femme qui s'honorera
dans tous les tems de ce titre; mais,
ajouta-t-elle, partez fans nous revoir,

recevez ici mes adieux, & donnez-
moi votre parole de ne point écrire
à ma fille.

Je vous obéirai , Madame , lui
dis-je , le cœur ferré par la douleur,
je vous obéirai. Je ne verrai point
votre charmante fille , je ne lui écri-
rai point , je la quitterai pour toujours ; mais oferois-je mettre un prix
à ce dur facrifice ? Promettez-moi
que cette malheureufe inclination
ne lui nuira point dans votre cœur.
Il lui fera peut-être difficile d'en
triompher ; une longue habitude de
me voir , lui rendra peut-être cet
effort pénible : pardonnez-lui un peu
de triftefſe dans les premiers momens ; ne l'accablez point de reproches ; traitez - la avec indulgence.
C'eſt , Madame , l'unique preuve

que je vous demanderai jamais de cette amitié dont vous voulez bien m'honorer. Elle me le promit. Je voulus baiſer ſa main ; elle m'embraſſa , me ſerra tendrement contre ſon ſein. Je ne pouvois plus parler , & je ſortis deſeſpéré.

Mon deſſein étoit de partir le lendemain : mais un peu de fievre , beaucoup d'abattement & de grands maux de tête, ſuite d'une longue inſomnie , me retinrent dix jours dans ma chambre. Je ne vous dirai point tout ce que je ſouffris , Miſs ; un cœur auſſi ſenſible que le vôtre , ſe peint aiſément ma ſituation. J'allois partir enfin. Mes chevaux m'attendoient à ma porte , quand on m'annonça le docteur Harriſon.

Vous le connoiſſez peut-être , Miſs ?

Miſs ? Singulier, vrai, ſolide, il joint
à des dehors peu polis, une ſorte
d'humeur capable d'éloigner de ſon
commerce ceux qui le jugent ſans
l'examiner. Mais quel tendre naturel, quel bon cœur, quel deſir d'ê-
tre utile, ſont cachés ſous cette apparente bruſquerie ! Combien ce
digne Prêtre eſt pénétré des devoirs
de ſon état ; combien il en étend les
obligations ! Charitable, zélé, rempli d'humanité ; ſouffrez - vous ? il
vous cherche pour vous ſoulager,
vous ſervir, vous conſoler ! L'afflic-
tion, le malheur, ſont des liens qui
l'attachent fortement à vous. Il voit
vos fautes ; elles ne le rebutent point.
Il les répare, vous aide, vous ſecourt
de tout ſon pouvoir. A la vérité, il
gronde un peu ; mais c'eſt toujours

Tome I.   N

quand on n'a plus besoin de lui.

J'en ai souvent entendu parler, dit Miss Matheus ; on le révere dans ma Province. Il possede de grands bénéfices, & seroit très-riche, s'il étoit moins généreux. Mais ses revenus sont souvent engagés pour acquitter les dettes des autres. J'ai peine à concevoir comment il souffroit votre assiduité auprès de sa cousine Amélie. Mistriss Harris s'est toujours conduite par ses conseils, & je m'étonne qu'il ait manqué de prévoyance en cette occasion. Car en vérité, Jemmy, vous êtes une séduisante créature.

Il étoit en Irlande, reprit Monsieur Fenton, quand notre liaison se forma. Il en revint un peu après le retour de Mistriss Harris à Londres.

Mais les affaires de ſon Prieuré exi-
geant ſa préſence en Province, il y
reſta tout l'hyver. Ainſi nous ne nous
étions jamais vus. Et pendant ces
dix jours, ajouta Miſs Matheus, pas
un billet d'Amélie ! pas le moindre
meſſage ! Amélie vous laiſſe partir !
O quelle froide maîtreſſe pour un
amant ſi paſſionné, ſi digne d'être
adoré ! Mais pourſuivez. Eh bien,
on vous annonça le docteur Harriſon ; après.

Son nom me cauſa une vive émotion, dit Monſieur Fenton. Il entra,
s'aſſit, me parcourut des yeux ; &
ſans me faire le moindre compli-
ment, ni la plus légere civilité, il
me montra du doigt un ſiége, tout
près de celui où il s'étoit placé.
Mettez-vous là, jeune Gentilhom-

me, me dit-il. Ma visite vous sur-
prend ? J'ouvrois la bouche pour
répondre. Paix, dit-il, je suis venu,
j'ai affaire à vous, c'est à moi à m'ex-
pliquer. Vous croyez peut-être que
j'ignore vos sentimens & ceux d'A-
mélie. Deux têtes de votre âge com-
posent d'habiles politiques, & ca-
chent bien leurs secrets. Je vous
avertis que toute la ville sçait vos
amours, en murmure ; le bruit en
est venu jusque dans ma Province,
il m'a révolté, & m'a ramené à Londres, où j'arrivai hier. On vous blâme ; on blâme aussi Mistriss Harris :
on vous accuse de séduction ; on l'accuse d'imprudence : on m'a étourdi
de cette affaire ; elle m'a fâché, très-
fâché ; elle m'a rendu votre plus
grand ennemi.

Vous attendez-vous, Monſieur, à ma reconnoiſſance en me faiſant cet aveu, lui dis-je? Patience, reprit-il bruſquement, laiſſez-moi parler. J'eſtime & j'aime Miſtriſs Harris, parce qu'elle penſe bien, ſans pourtant ſe conduire mieux qu'une autre; car ſouvent elle me déſole. Je lui écrivis donc ce que je ſçavois, ce qu'on m'avoit appris; elle ne ſe doutoit de rien la pauvre femme! Les meres ſont toujours les dernieres à s'appercevoir des ſottiſes de leurs enfans. Je lui conſeillai de veiller de près ſur les actions de ſa fille, de l'éloigner de ce jeune Officier, qu'on me peignoit très-joli. Ces gens-là prennent tout d'aſſaut, lui-diſois-je; ce ſont des téméraires, des hommes hardis, dont la premiere loi eſt d'aller toujours en avant; ma foi, je lui écrivis beaucoup de mal de vous & de vos pareils.

Encore une fois., Monſieur, lui dis-je d'un ton aſſez fier, dois-je vous rendre des graces pour un procédé.... Que m'importent vos graces, vos remercimens, dit-il? j'ai fait mon devoir, cela me ſuffit. Mais vous m'interrompez, jeune homme, & cela eſt malhonnête. Vous êtes vif, moi auſſi; s'il faut parler, répondre, quereller, cela nous menera loin, & je ſuis preſſé. Où en étois-je? Ah, je me le rappelle, à la mauvaiſe opinion que j'avois de vous. Comme je viens de le dire, je vous croyois un franc étourdi, & je voulois que Miſtriſs Harris vous fermât ſa porte. A mon arrivée, nous avons eu un long

entretien , fuivi d'une terrible dif-
pute. Elle m'a rapporté toute votre
converfation avec Amélie ; je la lui
ai fait répéter deux fois ; elle m'a
rendu compte auffi de votre promp-
te obéiffance à fes ordres , & j'ai
trouvé très - impertinent à elle de
vous en avoir donné de fi durs. Alors
me regardant d'un air ouvert &
riant : Touchez-là, me dit-il, en me
tendant la main ; touchez - là , mon
ami. Vous êtes une noble créature.
Je révere les ames généreufes ; Amélie eft à vous.

Amélie ! m'écriai-je. Oui, Amélie, reprit-il : un fi beau procédé
m'a rendu votre interceffeur auprès
de ma coufine Harris. Je l'ai priée ,
preffée , careffée , querellée ; il a
fallu m'emporter. Car c'eft une

bonne femme, douce, polie; mais obſtinée.... J'ai crié plus fort qu'elle, & je l'ai réduite. Elle conſent à vous donner ſa fille, à condition que par les articles de votre contrat de mariage, Amélie aura l'entiere & pleine jouiſſance de ſa fortune, à l'exception d'une ſomme dont vous diſpoſerez pour votre avancement dans le ſervice, lorſque l'occaſion vous conviendra; vous lui en aſſurerez le retour ſur vos biens à venir. Bon jour, adieu; je vous verrai ce ſoir chez ma fille Amélie.

Il vouloit ſortir, je le retins. J'étois ſi ſurpris, ſi charmé, ſi attendri; ô Miſs, puis-je dire tout ce que j'étois! Eh, Monſieur; eh, mon pere, mon ami, mon ange tutélaire! accordez-moi un inſtant, lui criois-je;

donnez - moi le loifir de rappeller mes fens, de vous marquer la re- connoiffance.... Oh, vraiment oui, dit-il, j'ai bien le tems d'écouter tout cela. Voyez Miftrifs Harris ; voyez Amélie, arrangez - vous enfemble, foyez heureux ; fur-tout confervez ce cœur honnête dont le ciel vous a doué dans fa bonté. Soyez un tendre mari, un fils reconnoiffant pour Miftrifs Harris, conduifez-vous bien & comptez fur moi. Adieu. Il fortit en achevant ces mots, & me laiffa pénétré de mille fentimens que je n'aurois pu lui exprimer peut-être.

Seul, en liberté de réfléchir fur cet événement inattendu, j'éprouvai que la joie a plus d'une façon de fe faire fentir. Des larmes couloient de mes yeux ; je joignois les mains, j'étois saisi, enchanté, presque sans mouvement. Je respirois à peine ; le nom d'Amélie se présentoit sur le bord de mes levres ; je n'osois le prononcer ; je croyois être séduit par un songe agréable, & craignois de m'éveiller.... Eh, courez aux pieds de cette heureuse Amélie, interrompit Miss Matheus ; est-ce le moment de rêver, de dormir ? Mon ami, vous contez comme une femme.

Après ce propos, vous ne me conseilleriez pas, Miss, reprit en riant Monsieur Fenton, d'entrer dans le détail de ma premiere visite chez Mistriss Harris. Vous m'en dispensez, je l'espere ? De tout mon cœur, dit-elle ; de la passion, des transports, une joie tendre ou folle, on peut aifément fe peindre ces fortes de mouvemens. Ajoutez , continua-t-il , qu'ils intéreffent feulement quand on les excite. Si ma chere Amélie fentit un extrême plaifir en me revoyant, fa préfence fit paffer dans mon cœur un fentiment délicieux. J'appris d'elle les particularités de l'entretien du docteur & de fa mere. Mais venons à un événement. . . . Je crois que vous boudez, interrompit encore Mifs Matheus. Vous allez d'une extrémité à l'autre; ou des minuties, ou un fommaire. Je fuis curieufe de fçavoir comment ce bon docteur put faire renoncer Miftrifs Harris à fes projets ambitieux.

En lui repréfentant combien leur réuffite importoit peu au bonheur de fa fille, reprit Monfieur Fenton : cet honnête Miniftre, foumis aux loix, aux ufages de la nation, n'en approuve pas entierement les mœurs, encore moins les préjugés. Il n'eft point de ces fous qui, fe croyant affez habiles pour réformer l'univers, voudroient tout renverfer, tout détruire, trouvent vicieux dans la fociété ce qui leur nuit ou bleffe leur orgueil ; traitent de corruption la moindre légereté ; & fans corriger perfonne, amufent ou ennuient leurs compatriotes par des plans de légiflation, fouvent ridicules, & toujours impraticables. Le Docteur refpecte les anciennes conventions des hommes ; croit qu'un peuple doit être divifé en plufieurs claffes : mais les noms de nobles, de riches,

de pauvres, ne forment point dans
fes idées l'inégalité néceffaire de ces
claffes ; ce n'eft pas ainfi qu'il dif-
tingue les humains au fond de fon
cœur. La bonté, la droiture, l'utili-
té, le mérite, font les titres qui ca-
ractérifent à fes yeux la premiere
claffe ; & c'eft en partant de ce prin-
cipe, qu'il blâma la conduite & les
deffeins de Miftrifs Harris.

C'eft donc un homme eftimable
que vous refufez à votre fille, lui
dit-il ? C'eft à l'ambition de fa mere
qu'elle fera facrifiée ? Elle brillera
dans le monde pour fatisfaire votre
vanité ; fon partage fera la douleur
& l'amertume ; elle pleurera, pendant que vous la contemplerez au
rang où vous l'aurez placée ; &
vous, vous jouirez du plaifir de

penfer qu'elle eft enviée, qu'on la croit heureufe? C'eft un titre, c'eft l'éclat qüi vous en impofent; vous dédaignez tout, excepté ces dehors brillans.

Mais, dit Miftrifs Harris, fuis-je la feule? Ne cherche-t-on pas ces avantages que vous femblez prifer fi peu? Ne font-ils pas l'ambition des autres? Qu'eftime-t-on dans le monde au-deffus des grandeurs & de la richeffe?

Rien, reprit le Docteur, & c'eft ainfi que l'orgueil des grands, l'infolence des riches, ont conduit le pauvre à rougir affez de fa mifere, pour ne rougir plus des moyens offerts d'en fortir. C'eft du mépris infultant jetté fur l'indigence, que le vice a tiré des fophifmes affreux,

répandus par tout le monde , &
trop fortement enracinés parmi
nous. Ils ont perfuadé aux nobles,
que l'honneur confifte feulement
dans le fafte & dans la valeur. Grace
à ces miférables préjugés, un Lord
peut trahir fon ami , couvrir de
honte fa maîtreffe, ruiner fa femme,
s'approprier le bien d'autrui, prodi-
guer follement le fien , vivre aux
dépens de quelque impudente
Mifs , qui tire avec adreffe d'un
riche imbécille, ce qu'elle donne à
diffiper au jeune amant , qui le reçoit comme un tribut, la raille & la
maltraite. Il peut faire mille baffef-
fes, s'en applaudir, leur donner un
tour plaifant, les conter en riant :
pourvu qu'il n'en fouffre jamais le
reproche ; que prompt à repouffer la

plus légere infulte, il fe batte, tout fera pardonné, au moins par le grand nombre.

Vous êtes févere, dit Miftrifs Harris. Non, reprit le Docteur, mais je vois & je réfléchis; les riches (& vous en êtes un exemple) parvenus de degrés en degrés à la fortune, perdant de vûe les premiers, & croyant en effacer la trace par l'impudence & la hauteur, ont penfé qu'une extravagante dépenfe & de ridicules airs, fuffifoient pour les égaler aux grands. Plus ils ont dédaigné le pauvre, plus ils ont cru s'élever au-deffus de lui & de leur propre origine. Ainfi chacun s'éloignant de l'ordre établi, de la fubordination néceffaire à l'entretien de cet ordre, a contribué à ce mélange monftrueux

monſtrueux qui confond les états ;
laiſſe paſſer ſans examen un homme
vil dans la Chambre-Haute, conſti-
tue un ignorant juge des citoyens,
place au fond d'un carroſſe doré la
fille d'un porte-faix, & ne laiſſe ſans
ſoutien que le mérite.

Miſtriſs Harris voulut répondre.
Il ne l'écouta pas. Faites votre fille
Comteſſe, ſi vous le voulez, dit-il ;
mais plus d'amitié, plus de liaiſons
entre nous. Je ne regarderai jamais
ſans horreur une mere qui peut ſacrifier le bonheur de ſa fille à des chimeres ; la félicité de deux créatures
eſtimables à un vil intérêt. Il s'ef-
força de ſortir. Miſtriſs Harris le re-
tint ; ils diſputerent long-tems, mais
enfin il l'emporta.

Je m'attendois à une querelle

plaifante, dit Mifs Matheus, & vous m'avez répété un fermon : mais voyons à préfent cet événement dont vous alliez parler.

Les Notaires étoient avertis, les articles dreffés, continua Monfieur Fenton, & le mardi au foir je devois figner l'acte qui me rendoit heureux, quand je reçus un courier de la part de Sir Rowland. Il m'écrivoit que ma fœur attaquée d'une fiévre dangereufe, touchoit à fes derniers momens, me demandoit avec inftance, & que fi je voulois lui accorder la fatisfaction de me voir, je ne pouvois faire trop de diligence. On me donna cette affligeante nouvelle à deux heures du matin. Je ne balançai pas. Le devoir & l'amitié m'appelloient au fecours de ma sœur. J'écrivis un billet à Amélie, lui envoyai la lettre du Chevalier, la priai de la communiquer à sa mere & au Docteur Harrison. Je la priois auffi de me plaindre du cruel con-tretems qui m'arrachoit à des efpé-rances fi prochaines & fi cheres.

Je pris la pofte, fortis de Londres à quatre heures, courus jour & nuit, & arrivai le jeudi matin au château du Chevalier Rowland. Je trouvai ma sœur dans un délire qui ne lui permettoit pas de difcerner les ob-jets dont elle fe voyoit environ-née. Elle prononçoit fans ceffe mon nom ; elle fe plaignoit d'être aban-donnée d'un frere fi chéri, fi defiré. Je mourrai donc fans le voir, fans l'embraffer, difoit - elle, il ne fer-mera point mes yeux. Elle appelloit continuellement les valets, leur ordonnoit de partir, de me chercher, de m'amener, de ne pas revenir fans moi; qu'il me donne un feul moment, s'écrioit-elle en pleurant, je ne l'importunerai plus, il ne me reverra jamais.

Imaginez, Mifs, combien cet empreffement, cette tendreffe, & fon danger me faifoient fentir de peines. Elle revint à elle le troifieme jour après mon arrivée; elle me vit, me reconnut, s'élança dans mes bras, me ferra entre les fiens; ma préfence, mes careffes femblerent la ranimer. Elle donna des marques d'une joie fi vive, d'une fatisfaction fi grande, que nous en conçumes l'efpérance d'une crife favorable; mais rien ne pouvoit me

la rendre , & elle devoit m'être en-
levée pour jamais , & dans quel
tems ! quand je croyois jouir bien-
tôt de la douceur de vivre avec
elle. Sa résidence auprès de nous,
étoit une des conditions que mettoit Amélie au consentement qu'elle
donnoit à mon bonheur.

Pendant la premiere semaine de
mon absence, Amélie m'écrivit trois
fois: la seconde s'écoula toute entiere sans que je reçusse une seule
de ses lettres. Ce silence me causa
d'abord plus de chagrin que d'inquiétude ; mais il dura trop pour
ne pas m'allarmer. Je lui écrivois
tous les jours; je lui peignois ma
tristesse ; je lui demandois de la
consolation. Elle ne me répondoit
point. L'arrivée de chaque courier

redoubloit ma douleur & mes crain-
tes. Etoit-elle malade ? m'oublioit-
elle ? Je voulois courir à Londres.
Un regard jetté fur ma fœur m'arrê-
toit, me fixoit au chevet de fon lit.
Comment la quitter ? comment fupporter la froideur d'Amélie ! Je paffai un mois dans cette affligeante
incertitude. J'écrivis à Miftrifs Harris, elle ne me fit point de réponfe.
Enfin je m'adreffai au Docteur Har-
rifon, & j'allois lui envoyer un exprès, quand on me rendit une lettre de cet ami zélé. La vóici, continua Monfieur Fenton, en la tirant
d'un porte-feuille. Toutes celles que
j'ai reçues de lui me font cheres, &
je les conferve foigneufement.

Lettre du Docteur Harrison à Monsieur Fenton.

« J'arrive de Cantorbery, où un
» ignorant Miniftre m'a penfé faire
» perdre l'efprit… mais cela ne vous
» regarde pas. Je fuis dans une co-
» lere horrible. Cette Miftrifs Har-
» ris !… quelle femme ! je la croyois
» douce & bonne, c'eft une furie…
» Je n'ai point de patience en pen-
» fant à elle. Je ne lui pardonnerai
» de ma vie, non de ma vie, je crois
» ……… Mais ne vous affligez pas,
» mon ami. Amélie vous aime ; elle
» veut être à vous, elle y fera.
» Que fignifie une mere folle, rem-
» plie de oui, de non, qui ne fçait
» ce qu'elle dit, ce qu'elle veut, ce
» qu'elle fait ? Je l'ai traitée comme

» je le devois, je vous en réponds.
» Vous avez ma parole, je la tiendrai
» en dépit de Miſtriſs Harris, & de
» toutes les bégueules de ſon eſpece.
» C'eſt une terrible tête que celle de
» cette femme ! Je n'ai point d'anti-
» pathie pour les Lords, elle ment,
» je les eſtime quand ils le méritent.
» Cela n'arrive pas ſouvent, mais
» cela arrive. Je ne ſuis donc point
» prévenu comme elle m'en accuſe;
» c'eſt elle qui s'aveugle ; maudite
» obſtination ! .... Partez, vous dis-
» je, hâtez - vous, venez prompte-
» ment, tout eſt perdu ; mais je vous
» protege & nous verrons ».

Cette lettre, pourſuivit Monſieur Fenton, écrite dans le mouvement de ſa colere, de ſa vivacité, ne m'apprenoit rien, mais
me

me faifoit tout craindre. *Perdu,
tout eft perdu,* répétois-je, ah Dieu!
Vous pouvez vous imaginer, Mifs,
en quel état je paffai ce jour, le
dernier de la vie de ma tendre &
aimable fœur. Sa mort me déchira
le cœur. Au milieu de mon faififf-
fement, de l'horreur de ce funefte
fpectacle, l'image d'Amélie, d'Amélie perdue pour moi, vint ajouter à
ma peine. Plus de confolation dans
ma vie, me difois-je, tout ce que
j'aimois m'eft enlevé. Le ciel me
prive à-la-fois de deux perfonnes fi
cheres, celle qui me feroit reftée
auroit du-moins pleuré avec moi;
je me trouvois feul, je ne tenois
plus à rien ; ces idées m'accable-
rent : mon ame trop fenfible ne
pouvoit les fupporter. Pendant

deux heures je me livrai à toute ma douleur, je pouſſois des cris, des gémiſſemens ; revenant enfin à moi-même, inutile alors dans un lieu rempli de triſteſſe, je laiſſai le ſoin de l'inhumation de ma ſœur à des parens qui l'avoient tendrement aimée. Je partis à minuit & pris le chemin de Londres, ſi troublé, ſi abattu, que je ſentois à peine mon exiſtence. J'allai deſcendre de cheval à la porte du Docteur. Je ne le trouvai point. Ses gens me dirent qu'il étoit chez Miſtriſs Harris, & ne tarderoit pas long-tems à rentrer. Ils avoient ordre de me recevoir, & de me prier de ſa part de l'attendre. On m'ouvrit ſon appartement ; je m'aſſis. Bien-tôt la fatigue & l'épuiſement me procurerent un fommeil qui me rafraîchit, & calma un peu l'agitation de mes fens.

Je fus réveillé par l'éclat de la voix du Docteur. Sans faire attention à moi, fans écouter le valet qui me montroit à lui, il fe mit à parcourir la chambre à grand pas, à frapper du pied, à frotter fes mains avec vivacité. Quel emportement! quelle entêtée, difoit-il! oh vous n'en êtes pas où vous croyez, folle, étourdie, vaine créature. Au milieu de cette fureur il m'apperçut, vint à moi, faifit ma main, la ferra fortement: O mon ami, mon noble ami, me dit-il, je vous avois écrit que tout étoit perdu, c'eft bien pis! Pis! répétai-je faifi d'effroi, Amélie eft-elle malade ou morte? Elle eft

au defefpoir, reprit-il. Malédiction
fur l'orgueil! cette enragée de Mif-
tris Harris la conduit ce foir à fa
petite maifon de Turnham - green;
elle veut la marier malgré elle, &
malgré moi, à ce jeune fat de Milord Nesbit. Son benêt d'oncle lui
donne tout fon bien. Dieu fçait
l'ufage qu'il en fera! c'eft un petit
monftre, je ne puis le fouffrir, il
rendroit ma pauvre Amélie malheureufe ; & en vérité ; mon ami, c'eft
une douce créature, qui mérite bien
l'attention d'un honnête homme.
Mais aufli vous avez mal pris votre
tems pour voyager. A quoi diable
vous êtes-vous amufé pendant un
mois ?

Ah, Monfieur, lui dis-je, il m'eût
fallu une extrême dureté de cœur

pour laiſſer ma ſœur. ... Ah je vous demande pardon, interrompit-il, je n'y ſongeois pas. J'ai l'eſprit troublé. Cette affaire me chagrine autant & plus que vous. Je veux abſolument qu'Amélie ſoit votre femme; agiſſons de concert, voyons, que tenterons-nous?

Il me reſte un moyen, lui répondis-je froidement. Je vais rendre une viſite à Milord Nesbit; s'il eſt homme d'honneur, nous aurons bien-tôt terminé cette affaire.

Jeune homme, cria le Docteur, point de vos arrangemens ſanguinaires; je ſuis un miniſtre de paix & déteſte la violence; point de vos militaires extravagances, vous dis-je; la vie de cet homme & la vôtre ſont à Dieu & à la patrie. Vous n'avez droit de difpofer ni de vos jours ni des fiens. Amélie vous a choifi, elle vous aime, fa mere a confenti à votre bonheur, je la regarde comme votre femme, vos engagemens font faints à mes yeux. Ecrivez lui, tâchez de la voir, de lui parler : déterminez-la à vous époufer en fecret. Par-tout où elle pourra fe rendre avec vous, j'irai vous donner ma bénédiction ; celle du ciel l'accompagnera, fi vous l'attirez fur vous par la douceur & la bonté. Dès que vous ferez unis, je fçaurai vous réconcilier avec Miftrifs Harris ; mais fi vous voulez vous battre, agir en fou, en furieux, je vous abandonne, je ne vous connois plus.

Je cédai à fes raifons, bien réfolu

d'en revenir à mon deſſein, ſi je ne pouvois faire conſentir Amélie à me voir. J'écrivis un billet devant lui ; il ſe chargea de le remettre, m'embraſſa tendrement, me recommanda la prudence, m'aſſura de ſes ſoins, de ſon amitié. Je ſortis, j'allai chez moi changer d'habit, prendre une heure de repos ; enſuite je fis ſeller un cheval & partis pour me rendre à Turnham-green.

Monſieur Fenton alloit pourſuivre, quand le Concierge entra ſa montre à la main. Après cent révérences & mille excuſes, il dit à Miſs Matheus, que le bon ordre de la maiſon, & ſa propre exactitude à lui Concierge, exigeoient que les priſonniers euſſent des heures de

retraite ; qu'il ne pouvoit, au-moins
fans de fortes raifons, permettre des
affemblées de nuit. On verra dans
la feconde Partie ce que Mifs Matheus répondit à cet avertiffement.

Fin de la premiere Partie.

Le Privilege du Roi fe trouve à la fin des
Lettres de Milady Catesby.

9 782329 610375